Inez De Florio-Hansen

Feedback lernwirksam gestalten

Strategien und Techniken
für den Fremdsprachenunterricht

Klett | Kallmeyer

Inhalt

In den letzten Jahrzehnten haben Rückmeldungen, vor allem mündliches Feedback im Unterricht, zunehmend an Bedeutung gewonnen. Geeignete Formen der Rückmeldung tragen nicht nur zur Verbesserung der Lernergebnisse bei. Feedback ermöglicht es außerdem, dem Hauptziel des Fremdsprachenunterrichts, nämlich dem sprachlichen Austausch in der Fremdsprache, deutlich näher zu kommen. Lernwirksames Feedback ist keine Einbahnstraße; es beruht auf einem Dialog, vor allem zwischen der Lehrperson und den Lernenden, aber auch der Schülerinnen und Schüler untereinander.

Dass Feedback immer wichtiger geworden ist und weiterhin an Bedeutung gewinnt, ist nicht nur der umfangreichen und vielfältigen Lehr- und Forschungstätigkeit von Expertinnen und Experten geschuldet. Es ist auch auf grundlegende Veränderungen des Unterrichts im Allgemeinen und des Fremdsprachenunterrichts im Besonderen zurückzuführen.

Den Wandel begünstigt haben Schüleraktivierung und Handlungsorientierung durch eine veränderte Lehr- und Lernperspektive, die man unter dem Begriff Selbstständiges Lernen zusammenfassen kann. Darüber hinaus hat zur Verbreitung verschiedener Formen des Feedbacks auch der Perspektivenwechsel im Fremdsprachenunterricht weg von der Grammatik-Übersetzungsmethode hin zur kommunikativen Kompetenz wesentlich beigetragen (vgl. De Florio-Hansen 2022, Kap. 7).

In Kapitel 1 werden wichtige Grundlagen für den lernwirksamen Einsatz von Feedback geklärt. Ausgehend von Feedback in alltagsweltlicher Kommunikation werden mit Blick auf Schule und Unterricht summatives und formatives Feedback unterschieden und in Beziehung zu Evaluation und Assessment gesetzt. Der erste Abschnitt (1.1) endet mit einer Definition von Feedback und dem Anliegen, summatives und formatives Feedback aufeinander zu beziehen. Anschließend stelle ich in 1.2 die beiden bekanntesten Feedback-Modelle vor: die aus den 1990er Jahren stammende Modellierung von Paul Black und Dylan Wiliam (1998), auf die sich John Hattie und Helen Timperley weitgehend stützen (2007). Die Weiterentwicklung des Modells durch Hattie liegt (fast) allen Ausführungen zum Feedback in Schulen und Hochschulen zugrunde und darf auch im Hinblick auf den Fremdsprachenunterricht nicht unberücksichtigt bleiben (1.2).

In Kapitel 2 wird aufgezeigt, dass Feedback keineswegs immer erfolgreich ist, sondern zahlreiche Voraussetzungen erfüllt sein müssen, damit Feedback seine positiven Wirkungen entfalten kann. Eine Grundvoraussetzung für die Lernwirksamkeit der verschiedenen Formen der Rückmeldung ist ein lernförderliches Klassenklima, das auf einem respektvollen, konstruktiven Miteinander aller am Lernen beteiligten beruht (2.1). Lernwirksames Feedback setzt längerfristig die Implementation einer angemessenen Feedback-Kultur in Schule und Unterricht voraus. Bereiche, die für das Lehren und Lernen von Fremdsprachen wichtig sein können, werden eingeführt und erläutert (2.2).

1 Evaluation, Assessment und Feedback

1.1 Grundlegende Begriffe

Seit es öffentliche Schulen in Deutschland gibt, basieren Lehren und Lernen im schulischen Unterricht darauf, dass Schülerinnen und Schüler Rückmeldungen zu ihren Leistungen erhalten. Meist ist es die Lehrperson, die dieses Feedback gestaltet. In den letzten Jahrzehnten haben jedoch auch das Peer-Feedback sowie die Selbstevaluation (Self-Assessment) der Lernenden kontinuierlich an Bedeutung gewonnen (zum Folgenden siehe De Florio-Hansen 2018; 2019a; 2020). Auch das Feedback, welches Lehrkräfte von ihren Schülerinnen und Schülern erhalten, wird immer wichtiger.

In alltagsweltlicher Kommunikation spielt Feedback schon immer eine herausragende Rolle. Es dient vor allem dazu, Missverständnisse zu vermeiden bzw. aufzuklären. Von Feedback spricht man, wenn beispielsweise ein Sprecher seiner Gesprächspartnerin zu verstehen gibt, wie er ihre Äußerungen wahrgenommen hat. Durch seine Rückmeldung gibt er ihr Gelegenheit, das, was sie gesagt hat, zu bestätigen, richtigzustellen und/oder zu ergänzen. Diese Definition lässt sich ohne Weiteres auf bestimmte Formen der Rückmeldungen im Unterricht übertragen, bedarf aber einer deutlichen Erweiterung.

Was also bedeutet Feedback im schulischen Kontext? Lange Zeit bezog sich Feedback – in Schule und Unterricht wird auch heute noch häufig der Terminus *corrective feedback* gebraucht – auf die Korrektur von Fehlern und vor allem die Rückmeldung in Form von (Zeugnis-) Noten. Letztere setzen sich neben mündlichen Noten bei Tests, Referaten und Präsentationen hauptsächlich aus benoteten Leistungsnachweisen wie Klassenarbeiten, Klausuren und Abschlussarbeiten zusammen. Da diese Form der Rückmeldung gleichsam die Summe des erreichten Lernstands zu einem bestimmten Zeitpunkt ermittelt – nicht nur nach Ablauf des Schuljahrs, sondern beispielsweise auch am Ende einer Unterrichtseinheit – wird sie als summatives Feedback bezeichnet. Jede schulische Prüfung ist summativ; sie beurteilt, ob die Schülerinnen und Schüler die Lernziele erreicht haben, untersucht aber nicht, wie gelernt worden ist bzw. warum nicht gelernt worden ist.

Um etwas über den Kenntnisstand und die Entwicklung ihrer Schülerinnen und Schüler in Erfahrung zu bringen, sind Wissenschaftlerinnen und Wissenschaftler sowie Lehrkräfte daran interessiert zu erfahren, wie mündliches Feedback im Verlauf des Unterrichts auf individelle Lernende wirkt. Denn nur wenn sie auch wissen, ‚wie' die Schülerin oder der Schüler lernt, können sie die einzelnen Lernenden angemessen fördern – das gilt für Wissen, Können und Kompetenzen und vor allem im Hinblick auf die Persönlichkeitsentwicklung. Erst mit Aufkommen digitaler Technologien wurde es möglich, diese Arten der Rückmeldung in größerem Umfang zu dokumentieren und zu untersuchen, um sie anschließend für die ‚Formung' der Schülerinnen und Schüler zu nutzen. Das sogenannte formative Feedback wurde in den letzten drei Jahrzehnten immer wichtiger und nimmt inzwischen in der Fachliteratur weit größeren Raum ein als summatives Feedback.

Summatives Feedback basiert auf Standards, seien sie von der Lehrperson auf der Grundlage des Curriculums erstellt oder von außen vorgegeben, wie z. B. bei den Vergleichsarbeiten des Instituts zur Qualitätsentwicklung im Bildungswesen (IQB) in Berlin.
Formatives Feedback ist auf einzelne Lernende oder eine Kleingruppe, mitunter auch auf die gesamte Lerngruppe, zugeschnitten. Es dient dazu, das Lernen individueller Schülerinnen und Schüler durch geeignete Impulse voranzubringen und ihre Motivation zu stärken. Es basiert auf konstruktiver Kritik ohne explizite Bewertung.

In deutschsprachigen Publikationen kommt ein wichtiger Aspekt von formativem Feedback meist zu kurz, nämlich die Rückwirkung auf Lehrmaßnahmen. Lehrpersonen können dem Feedback, welches sie von Lernenden erhalten, Hinweise entnehmen, wie ihr Unterricht bei den Schülerinnen und Schülern ankommt. Dadurch haben sie Gelegenheit, ihr Vorgehen im Unterricht zu überdenken und gegebenenfalls zu modifizieren. Der sogenannte *Classroom Assessment Cycle* unterstreicht diese Wirkung auf das Vorgehen im Unterricht; er besteht aus vier Teilen:

- Klärung der Lernziele,
- Angabe von nachvollziehbaren Erfolgskriterien,
- Analyse von Assessment-Daten sowie
- möglichen Änderungen des Lehrverhaltens aufgrund der ermittelten Daten (vgl. Teil II, Kap. 3 bis 6).

Wie unterscheiden sich Evaluation und Assessment von Feedback?

Bevor Lehrpersonen oder Schülerinnen und Schüler ein Feedback geben können, müssen sie die erbrachte Leistung bzw. das Lernverhalten einordnen und beurteilen. Feedback beruht also auf einer Evaluation bzw. einem Assessment. Da der Begriff Evaluation sich auf Begutachtung und Bewertung im weitesten Sinn bezieht, wird im Zusammenhang mit schulischem Unterricht meist der Terminus Assessment verwendet. Einem Feedback geht also in aller Regel ein summatives Assessment *(assessment of learning)* oder ein formatives Assessment *(assessment for learning)* voraus. (Über diese grundlegende Unterscheidung hinaus spricht man von *assessment as learning,* wenn Schülerinnen und Schüler im Rahmen von Leistungsnachweisen etwas dazulernen.) (Einzelheiten und Beispiele vgl. Teil II und III)

Assessment of learning (summatives Assessment) dient der Ermittlung des Kenntnisstands.
Assessment for learning (formatives Assessment) bereitet das weitere Lernen vor.

Was charakterisiert Feedback im Vergleich zu den verschiedenen Assessment-Ausprägungen?

> *In the context of teaching and learning the term feedback is often used generically in the sense of evaluating and measuring students' achievement as well as of transmitting the results to the learners. Having a closer look at what happens in classrooms or in other fields such as business we have to state that feedback refers only to the form in which the results of formative or summative assessment are communicated.*
>
> (De Florio-Hansen 2018, S. 276)

Feedback bezieht sich also eigentlich nicht auf die Ermittlung von Kenntnissen oder Haltungen, obgleich es häufig in diesem Sinn gebraucht wird. Feedback ist vielmehr die mündliche oder schriftliche Form der Rückmeldung und es schließt die paraverbale Kommunikation wie Stimmführung, Intonation und Prosodie sowie nonverbale Aspekte wie Mimik, Gestik und Körpersprache ein. Gerade im Zusammenhang mit dem Lehren und Lernen von Fremdsprachen kann man die Bedeutung von para- und nonverbaler Kommunikation nicht genug hervorheben.

In Ergänzung zu einschlägigen Untersuchungen, auch solchen mit unterrichtspraktischer Ausrichtung, bezieht die vorliegende Publikation summatives Assessment und das damit verbundene Feedback von Anfang an soweit wie möglich in die Überlegungen ein, handelt es sich doch um den Bereich, auf dem jede Lehrperson – gleichgültig wie sie zu formativem Feedback steht – über umfängliche Erfahrungen verfügt. Für viele Lehrkräfte stehen Bewertung und Benotung im Mittelpunkt ihrer Feedback-Praxis. Außerdem ändert gelungenes formatives Feedback nichts an der Bedeutung von summativem Assessment. Es ist zwar verlockend mit dem Gedanken zu spielen, Noten könnten durch formatives Feedback ersetzt werden, wie es beispielsweise Felix Winter seit Jahren suggeriert (vgl. Winter 2017; vgl. Teil III,

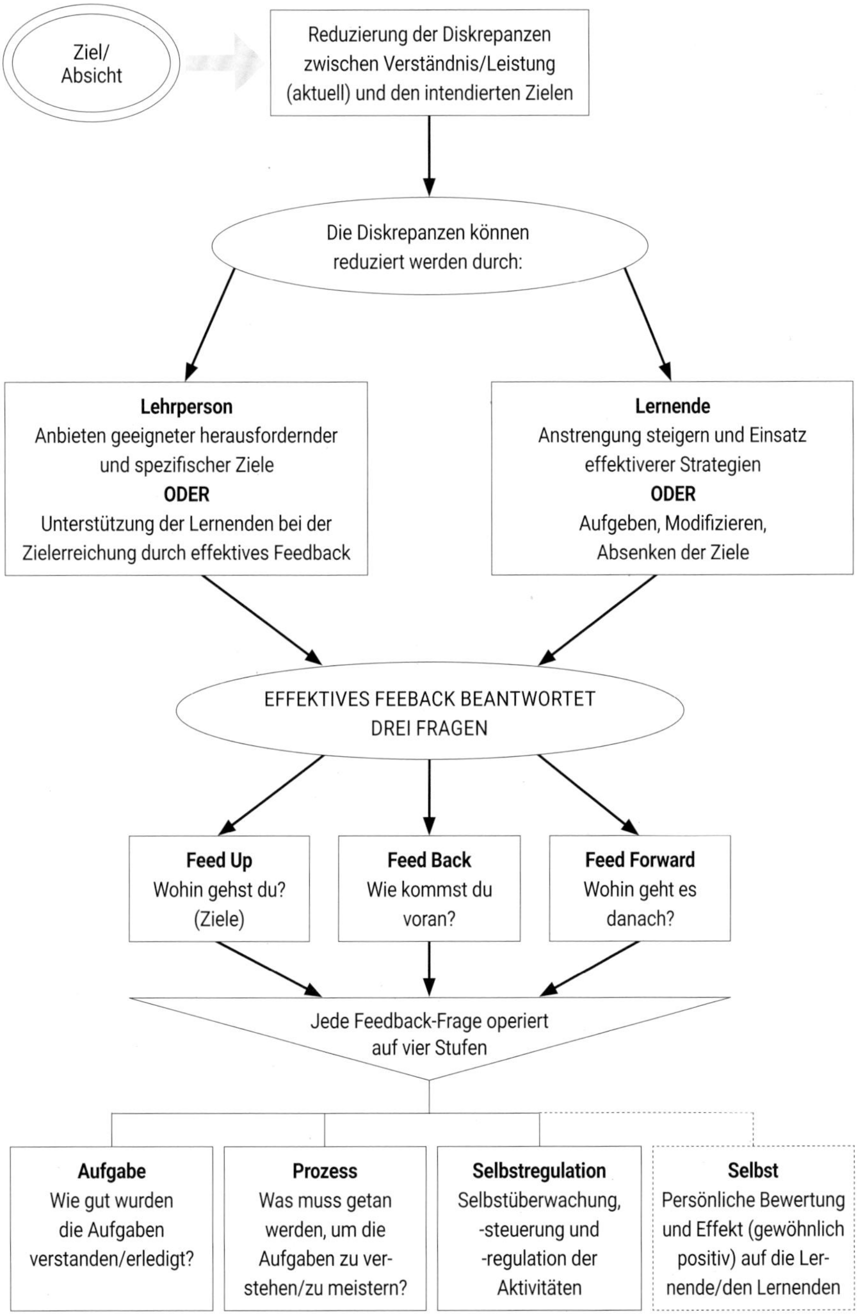

Abb. 1: Das Feedback-Modell von Hattie und Timperley (Hattie 2014, S. 211)

2 Voraussetzungen für die Lernwirksamkeit von Feedback

2.1 Wann ist Feedback lernwirksam?

Die meisten Wissenschaftlerinnen und Wissenschaftler weisen zurecht daraufhin, dass (formatives) Feedback keinesfalls immer zu vertieftem Lernen und besseren Lernergebnissen führt. Zahlreiche Voraussetzungen müssen gegeben sein, damit Feedback seine positiven Wirkungen überhaupt erst entfalten kann.

Zunächst ist zu bedenken, dass Feedback oft nicht erfolgreich ist, auch wenn es noch so gezielt erfolgt. Es ist nur dann lernwirksam, wenn die Schülerin oder der Schüler bereits über ein gewisses Maß an Wissen und Können im Hinblick auf die Aufgabenstellung verfügt. Andernfalls ist Feedback im ungünstigsten Fall nutzlos. Es kann sogar schaden, wenn ein hinreichender Kenntnisstand fehlt, denn Feedback muss immer an etwas anknüpfen oder sich auf etwas beziehen. Feedback folgt auf Instruktion (nicht umgekehrt).

Damit ist nicht gemeint, dass der fragliche Inhalt nur einmal behandelt zu werden braucht und dann kann das Feedback erfolgen. Jeder erfahrene Lehrer weiß, dass mehrere Wiederholungen nötig sind, bis die Mehrzahl der Schülerinnen und Schüler einer Lerngruppe die Aufgabe einigermaßen durchschaut. Um dies zu erreichen, bietet sich verteiltes Üben (*spaced practice*) an:

> *How often should phases of guided and independent practice take place? The alternative is spaced vs. massed practice. Most teachers know that accumulated practice in form of exercises, tasks and learning activities immediately after the students have come into contact with new knowledge or skills is not effective. At the beginning the learners seem to dispose quite well of the recently learned content, but turning back to it four weeks later remembering already causes severe problems. It becomes evident that many of the learned items have been incompletely stored in long-term memory as they are not connected with other similar content in a network. Many students remember but vaguely the content of massed practice. Therefore, many teachers prefer spaced practice, i. e. they engage their students to practice the respective content at intervals. Spaced practice at the beginning takes place quite immediately after new knowledge and skills have been introduced. Further practice follows at greater intervals, e.g after some days, then after some weeks and finally after some months.*
>
> (De Florio-Hansen 2018, S. 266)

Es bleibt dem Einfühlungsvermögen der Lehrerin oder des Lehrers überlassen, wann sie bzw. er individuellen Lernenden Rückmeldung gibt. Auf alle Fälle wirkt Feedback in der Regel nur, wenn die Lernenden einen gewissen Kenntnisstand hinsichtlich der zu lösenden Aufgabe bzw. der zu bearbeitenden Aktivität erreicht haben.

Grundsätzlich ist auch der in der Literatur häufig dargestellte Sachverhalt zu bedenken, dass pauschalisierende Belobigungen wie beispielsweise „Gut gemacht!" nutzlos oder sogar schädlich sind (vgl. Kluger/De Nisi 1996). Lob, also Feedback, welches sich auf das Selbst, d. h. die Persönlichkeit der oder des individuellen Lernenden, bezieht, ist im Rahmen von (formativem und summativem) Feedback zu vermeiden. Es kann gegebenenfalls an anderer Stelle erfolgen, um die Beziehung zwischen Lehrpersonen und Lernenden zu verbessern.

Carol S. Dweck (2006), die jahrzehntelang zu diesem Thema geforscht hat, stellt den Lehreräußerungen die versteckten Botschaften gegenüber, die Schülerinnen und Schüler mit pauschalem Lob verbinden:

„You learned that so quickly!	→	*If I don't learn something quickly,*
You are so smart!"	→	*I'm not smart.*
„You're so brilliant; you got an A	→	*I'd better quit studying or they won't think*
without even studying!"	→	*I'm brilliant.*

Viele Darstellungen zu einzelnen Verfahren der Rückmeldung unterstreichen eine Selbstverständlichkeit: Um erfolgreich zu sein, müssen die entsprechenden Verfahren an die einzelnen Unterrichtsphasen angepasst werden. Feedback in der Einstiegsphase erfolgt in anderer Form als Rückmeldungen im Laufe des Unterrichts oder im Rahmen einer Zusammenfassung am Ende einer Unterrichtsstunde oder einer Unterrichtseinheit.

Eine weitere wichtige, vermutlich die wichtigste Voraussetzung für die Effizienz von Feedback ist die Klassenführung (*classroom management*). Der Beziehungsaspekt ist entscheidend; dies gilt für die Lehrperson im Verhältnis zu den Schülerinnen und Schüler und umgekehrt sowie für die Lernenden untereinander. Auch Kontakte zu Kolleginnen und Kollegen sowie den Eltern profitieren von angemessener Rückmeldung. An der Etablierung der entsprechenden Regeln für ein lernförderliches Klassenklima sind die Schülerinnen und Schüler – wie auch bei anderen wichtigen unterrichtlichen Belangen – möglichst von Anfang an zu beteiligen (vgl. Teil II, Kap. 3). Nur in einer gedeihlichen Atmosphäre kann Feedback seine möglichen Wirkungen entfalten; nur so können negative Auswirkungen von Bewertung und Benotung abgemildert bzw. in produktiv(er)e Bahnen gelenkt werden (vgl. De Florio-Hansen 2022, Kap. 3).

Nur im Rahmen einer Klassenführung, die auf respektvollem, konstruktivem Miteinander von Lehrkraft und Lernenden sowie der Schülerinnen und Schüler untereinander basiert, kann Feedback seine positiven Wirkungen voll entfalten.

Bedenkt eine Lehrperson den Kenntnisstand der Schülerinnen und Schüler hinreichend, orientiert sie sich an den Unterrichtsphasen sowie den Zielen und Inhalten, ist der Erfolg von Rückmeldungen auch bei konstruktivem Miteinander aller Beteiligten noch lange nicht sichergestellt. Ebenso entscheidend wie die genannten Bereiche sind die Persönlichkeiten der Lehrenden und Lernenden. Es zeigt sich immer wieder, dass ein Feedbackverfahren, welches bei bestimmten Lernenden Impulse zur Weiterarbeit auslöst, von anderen nicht wahrgenommen oder nicht beachtet wird.

Welche Wirkung ein Feedback-Verfahren entfaltet, hängt nicht zuletzt vom Lernkontext ab. Entscheidend tragen die Persönlichkeit der Lehrperson und die charakterlichen Merkmale der individuellen Lernenden zum Gelingen bei. Angemessenes formatives Feedback sowie die Einbettung von Bewertung und Benotung, also summatives Feedback, in einen lernförderlichen Rahmen setzt auf Seiten der Lehrerin oder des Lehrers ein hohes Maß an Intuition und die Bereitschaft zum gelegentlichen Scheitern voraus. Feedback kann auf Dauer nur positiv wirken, wenn es dem Lernkontext und den charakterlichen Merkmalen der am Unterricht Beteiligten entspricht. Zunächst einmal muss es mit der Persönlichkeit der Lehrerin oder des Lehrers in Einklang stehen.

Ein gewisses Fingerspitzengefühl brauchen auch Lernende beim Peer-Feedback und erst recht dann, wenn sie der Lehrperson direkt oder indirekt ihre Eindrücke vom Unterrichtsgeschehen wiedergeben, also beim Feedback einzelner Schülerinnen und Schüler für die Lehrperson. Dabei ist zu bedenken, dass die Lehrkraft mit etwas Geschick Feedback für einzelne Schülerinnen und Schüler sowie für Kleingruppen so formulieren kann, dass die Reaktionen der Lernenden ihr Hinweise für das eigene Vorgehen im Unterricht an die Hand geben (zu einzelnen Formen der Rückmeldung in unterschiedlichen Lernkontexten und für unterschiedliche Adressaten vgl. Teil II und III).

Selbstverständlich können formatives und summatives Feedback nur hilfreich sein, wenn die Schülerinnen und Schüler in die verschiedenen Feedbackverfahren eingewiesen sind. Sie müssen immer wieder geschult werden, und zwar in der Aufnahme, dem Akzeptieren und der Nutzung von Feedback, welches die Lehrerin oder der Lehrer ihnen zuteilwerden lässt. Das gilt ebenso für Formen des Peer-Feedbacks wie für die Rückmeldungen zum Unterricht an die Lehrkraft. Schülerinnen und Schüler müssen in die verschiedenen Ausprägungen von Feedback eingeführt werden. Anschließend sollten sie immer wieder Gelegenheit erhalten, den angemessenen Umgang mit den verschiedenen Feedback-Formen zu üben.

2.2 Die Implementation einer Feedback-Kultur

In seiner jüngsten Veröffentlichung zum Thema Feedback, in der Hattie zusammen mit der Unterrichtsexpertin Shirley Clarke die Summe aus seinen bisherigen Forschungen und Publikationen zieht, fasst er die wichtigsten Punkte zusammen, die eine von formativem Feedback geprägte Unterrichtskultur ausmachen (Hattie/Clarke 2018, S. 47). Dabei knüpft er nicht nur an die Modellierung von Black und Wiliam (1998; 2009) an, sondern misst auch den Untersuchungen von Carol S. Dweck zu *fixed mindset* (einer statischen, starren Denkweise) vs. *growth mindset* (einer wachstumsorientierten Haltung) besondere Bedeutung bei (vgl. Teil II, insbesondere Kap. 3 und 4).

ZUSAMMENFASSUNG

- Feedback ist Teil der Unterrichtsevaluation; es ist formativem Assessment zuzuordnen. Die Lernziele müssen den Schülerinnen und Schülern bekannt sein; sie können gegebenenfalls zusammen mit ihnen festgelegt werden. Unter Beteiligung der Lernenden werden anschließend Erfolgskriterien erarbeitet; sie zeigen den Schülerinnen und Schülern, wie sie die Lernziele erreichen können. Sie sollten außerdem wissen, wie gute Beispiele aussehen, indem ihnen vor allem am Anfang ausgearbeitete Beispiele (worked examples) vorgegeben werden. Effektive Fragestellungen und lernwirksames Feedback runden gelungenes formatives Assessment ab.
- Können, Leistungsbereitschaft und Enthusiasmus sind ebenfalls wichtige Voraussetzungen. Effektives Lernen und in der Folge wirksames Feedback basieren auf dem Können, welches die Lernenden in Bezug auf die Aufgabe mitbringen. Hinzukommen müssen die Einsicht und die Fähigkeit, die vorhandenen Lernvoraussetzungen für die Aufgabe zu nutzen. Entscheidend sind letztlich Neugier und Begeisterung für das Lernen.
- Grundlegend sind weiterhin die Denkweise und die Einstellung: Die Learnenden sollten mit einer wachstumsorientierten Haltung und nicht mit einer festgelegten Denkweise an Lernaufgaben –„Ich bin eben nicht sprachbegabt" – herangehen, insbesondere wenn sie bei der Bearbeitung ins Stocken geraten und nicht wissen, was sie als Nächstes tun können.

Eine wachstumsorientierte Denkweise bewirkt, dass sie wissen, wie man lernt und wie man über das Lernen spricht. So fühlen sie sich dafür verantwortlich, ihr Lernen zu verbessern, und arbeiten erfolgreich mit anderen zusammen.

- Fehler sind Gelegenheiten zum Lernen und sollten nicht als etwas behandelt werden, was es zu vermeiden gilt. Sie sind kein Zeichen von Versagen.
- Heterogen zusammengesetzte Lerngruppen sind eine Voraussetzung dafür, die Erwartungen von Lehrenden und Lernenden und die Leistungen zu verbessern. Sie können auch dazu beitragen, das Feedback unter Lernenden zu intensivieren.
- Während Lob dazu beitragen kann, Vertrauen und positive Beziehungen zu schaffen, sind Lob und Feedback hinsichtlich des Lernens zu trennen. Belobigungen können dem Engagement beim Lernen abträglich sein.
- Es existiert eine negative Korrelation zwischen externen Belohnungen und der Lernleistung. Alle Formen von Feedback sollten Vergleiche mit anderen Schülerinnen und Schülern tunlichst vermeiden.

(in Anlehnung an Hattie/Clarke 2018, S. 47)

Unerwähnt lassen Hattie und Clarke an dieser Stelle eine andere wichtige Voraussetzung für den Erfolg von Lernen und Feedback, die insbesondere im Zusammenhang mit Multimedialität und Digitalisierung an Bedeutung gewonnen hat. Berücksichtigt werden muss in jedem Fall die *Cognitive Load Theory,* die das Autorenteam an anderer Stelle ausführlich darstellt und in Zusammenhang zu verschiedenen Feedbackformen setzt (Hattie/Clarke 2018, S. 84 ff.).

> *In Zusammenhang mit verschiedenen Aufgabenformaten ist die kognitive Belastung bzw. Überlastung des Kurzzeitgedächtnisses in Rechnung zu stellen. Die Cognitive Load Theory (théorie de la charge cognitive) wurde von John Sweller und seinem Team bereits in den 1980er Jahren auf der Grundlage von experimentellen Studien zum Lernen von Englisch als Fremdsprache entwickelt (Diao, Chandler & Sweller 2007). Sie besagt, dass das Arbeitsgedächtnis eine begrenzte Aufnahmefähigkeit hat und die Lernanstrengungen daher stets an die Möglichkeiten der Lernenden anzupassen sind. Eine kognitive Überlastung kann nämlich das Lernen behindern. Es ist eine Herausforderung für jede Lehrperson, negative Auswirkungen auf die Lernprozesse durch geeignete Anleitungen zu reduzieren.*
>
> (De Florio-Hansen 2019a, S. 309)

Obgleich Hattie und Clarke in ihrer Veröffentlichung von den oben genannten positiven Feedback-Effekten ausgehen, darf man auch bei Hattie selbst eine gewisse Variabilität der Ergebnisse nicht übersehen.

In der bekannten Studie zum *Visible Learning* von 2009 beziffert Hattie Feedback und verwandte Faktoren wie folgt:

- Feedback 0.73
- Knowing learning intentions 0.59
- Success criteria 0.59
- Classroom discussion 0.82
- Teacher/student relationships 0.75

Die angegebenen Effektstärken liegen deutlich über dem von Hattie selbst gesetzten durchschnittlichen Wert von 0.40; sie weisen also auf die besondere Lernwirksamkeit bestimmter Faktoren hin (Hattie/Clarke 2018, S. 10). Seit 2010 hat Hattie seine Forschungen fortgesetzt und die Zahl der Faktoren von ca. 130 auf über 250 fast verdoppelt (vgl. https://visible-learning.org/backup-hattie-ranking-256-effects-2017/; letzter Zugriff Sept. 2022). Dabei wird nicht deutlich, ob bzw. welche älteren Werte er einer erneuten Berechnung unterzogen und auf welche Faktoren er in der Auflistung von 2017 verzichtet hat. Dem Ranking von 2017 kann man folgende Effektstärken entnehmen:

- Feedback 0.70
- Knowing learning intentions ..... o. Ang.
- Success criteria .... o. Ang.
- Classroom discussion 0.82
- Teacher/student relationships 0.52

Diese Angaben stehen teilweise auch in Widerspruch zu dem, was Hattie und seine Co-Autorinnen und Autoren propagieren. Meines Erachtens bestätigen sie die in 1.2 dargelegte Position von Kluger und DeNisi (1996): Die Wirkung bestimmter Feedback-Maßnahmen kann von Lernkontext zu Lernkontext deutlich variieren.

Obgleich man den impliziten Forderungen von Hattie und Clarke durchaus zustimmen kann, ist klar, dass es sich bei der obigen Zusammenfassung um eine Idealvorstellung handelt, die Bewertung und Benotung bewusst ausklammert. Das sollte keine Lehrperson daran hindern, hilfreiche Zielsetzungen in den eigenen Unterricht einzubeziehen und gegebenenfalls mit summativen Vorgehensweisen zu verbinden. Als Fremdsprachenlehrerin oder -lehrer muss man dabei außerdem überdenken, welche Formen des Feedbacks in der jeweiligen Fremdsprache die Lernenden tatsächlich als solche wahrnehmen und verinnerlichen und in welchen Fällen man besser auf die Muttersprache/Verkehrssprache der Schülerinnen und Schüler zurückgreift.

Teil II

Formatives Feedback im Fremdsprachenunterricht

Black und Wiliam bezeichnen Assessment als formativ:

> *To the extent that evidence about student achievement is elicited, interpreted, and used by teachers, learners, and their peers to make decisions about the next steps in instruction that are likely to be better, or better founded, than the decisions they would have taken in the absence of the evidence that was elicited.*
>
> (Black/Wiliam 2009, S. 9)

Diese Definition verdeutlicht, dass die Vorstellung, Feedback bestehe in einer Rückmeldung an die Lernenden nach dem Motto: „Das ist soweit richtig. Aber wir müssten noch bedenken, dass ..." zu kurz greift, obgleich das weitere Lernen angesprochen wird. Rückmeldungen im Sinne von Feedback sind vielmehr alle mündlichen und schriftlichen Äußerungen von Lehrpersonen und von Lernenden, die Hinweise auf den Wissens- und Kenntnisstand der Lernenden geben. Das können direkte Fragen sein, aber mehr noch Äußerungen der Lehrkraft und/oder der Schülerinnen und Schüler, die Impulse für das Weiterlernen auslösen. Dabei geht es nur vordergründig um Hilfen bei der Bewältigung einer bestimmten Unterrichtsaktivität. Feedback heißt vielmehr, die Lernenden zum Lernen anzuregen und ihnen entsprechende Hilfen für das (Weiter-) Lernen zu geben. Im günstigsten Fall gelingt es der Lehrperson, eine Atmosphäre zu schaffen, welche die Schülerinnen und Schüler nach und nach befähigt, ihr Lernen – zumindest in großen Teilen – selbst zu gestalten.

In Kapitel 3 wird die Beteiligung der Schülerinnen und Schüler an wichtigen Entscheidungen im Unterricht als ein grundlegender Ansatz für effektives Feedback vorgestellt. Zunächst wird eine Umstellung des Frageverhaltens der Lehrperson diskutiert, nämlich „Nur melden, wenn man eine Frage hat". Dieses Verfahren gestattet eine stärkere Einbindung der Schülerinnen und Schüler in das Unterrichtsgeschehen (3.1). Anschließend werden exemplarisch drei Beispiele für die Beteiligung der Lernenden an Unterrichtsentscheidungen behandelt, die als richtungsweisend für die Wirksamkeit von Feedback im Fremdsprachenunterricht gelten können (3.2): (Fortgeschrittene) Schülerinnen und Schüler können alternative Vorschläge für mögliche Lernziele machen (3.2.1) und sie können Lernerfolgskriterien anhand ausgearbeiteter Beispiele benennen (3.2.2). Auch Kriterienraster setzen – bei entsprechendem Einsatz – Impulse für das (Weiter-) Lernen (3.2.3).

Die Grundaussage von Kapitel 4 besteht darin, dass das Feedback von Lehrpersonen für ihre Schülerinnen und Schüler hauptsächlich auf dem Feedback beruht, welches einzelne Schülerinnen und Schüler oder auch Kleingruppen der Lehrkraft geben. Auf dieser Grundlage behandelt 4.1 das Feedback der Lehrperson für individuelle Lernende. Eine wichtige Rolle spielt die auf subjektiven Kriterien basierende Lernstandsdiagnose im Verbund mit der Lernstandserhebung, die auf externen Vorgaben beruht

(4.1.1). Im Abschnitt 4.1.2 geht es um Rückmeldungen bezüglich der Lernaufgabe (korrektives Feedback), welches sich vom Feedback bezüglich der Lernprozesse und der Selbstregulation unterscheidet. In 4.2 schließen sich Vorschläge für formatives Feedback an, welches Lernende ihrer Lehrerin oder ihrem Lehrer geben können, damit sie oder er zur Verbesserung ihres (Weiter-) Lernens beitragen kann. Dabei kann die Selbstevaluation der Lehrkraft vor der Klasse eine wichtige Rolle spielen. Von Bedeutung sind auch die Rückmeldungen, welche die Schülerinnen und Schüler der Lehrkraft am Ende einer Unterrichtsstunde oder einer Unterrichtseinheit geben (4.2).

In Kapitel 5 geht es um das teils falsche, aber bei entsprechender Anleitung und Übung sehr erfolgreiche Peer-Feedback. Nach einer Einführung zum Wissensstand (5.1) wird in 5.2 ein abgewandeltes Modell im Zusammenhang mit Peer-Feedback vorgestellt, welches auf der Arbeit von Gan, einem Doktoranden von Hattie, beruht. Hilfreich im Zusammenhang mit Peer-Feedback sind methodische Verfahren, die eine festgefügte Struktur aufweisen, z. B. *Jigsaw* (Gruppenpuzzle) (5.3) und die SOLO-Taxonomie (5.4).

Self-Assessment (Kap. 6) ist keineswegs nur für Schülerinnen und Schüler angesagt, sondern auch für Lehrpersonen. In der kurzen Einführung (6.1) wird nochmals herausgestellt, dass auch beim Self-Assessment formative und summative Verfahren je nach Ausrichtung zum Tragen kommen. Im folgenden Abschnitt 6.2 geht es um zielgerichtete Verfahren, die es Lehrerinnen und Lehrern ermöglichen, ihren eigenen Kenntnisstand und ihre Fortschritte in Bezug auf ausgewählte Bereiche des Unterrichts, beispielsweise die Anfangs- und die Abschlussphase, kritisch zu überprüfen. Obgleich es zum Self-Assessment von Schülerinnen und Schülern in der Zweit- und Fremdsprache Englisch (mit Gültigkeit für andere Fremdsprachen) nur wenige valide und reliable Untersuchungen gibt, kann man davon ausgehen, dass Self-Assessment zu einer Verbesserung des Lernens führen kann (6.3). Dies setzt jedoch eine umfängliche Vorbereitung und Hilfestellung durch die Lehrkraft, hinreichend Zeit im Unterricht und vor allem das Verständnis und die Bereitschaft der Lernenden voraus, die verschiedenen von der Lehrkraft bereitgestellten Tools tatsächlich sachgerecht zu nutzen. Um sich Rechenschaft über Möglichkeiten und Grenzen der Selbstbegutachtung durch Kinder und Jugendliche abzulegen, wird als Beispiel das Europäische Sprachenportfolio des Europarats mit seinen drei Teilen dargestellt (6.3.1).

Kollegiales Feedback (Kap. 7) kann ebenfalls zur Verbesserung des Lernens und der Motivation von Lernenden beitragen, sollte aber auf einem Konsens der Fachschaft unter Einschluss der Schulleitung erfolgen. Während Wiliam und Hattie so gut wie gar nicht auf Rückmeldungen unter Kollegen eingehen, hat Andreas Helmke diesem Bereich in seinem EMU-Projekt (Evidenzbasierte Methoden der Unterrichtsdiagnostik und -entwicklung) sehr große Aufmerksamkeit geschenkt und eine Fülle von (kopierfähigen) Vorlagen erarbeitet, die die Aussagen einzelner Lernender, der Lehrkraft selbst sowie mer wieder dieselben Schülerinnen und Schüler melden. Das bedeutet nicht, dass ein Teil der eher passiven Lernenden die Antwort nicht weiß. Aus verschiedenen Gründen, die häufig mit Persönlichkeitsmerkmalen zusammenhängen, überlassen sie anderen das Feld. Bei Lehrpersonen kann durch das meist „richtige“ Antworten der Eifrigen zudem der Eindruck entstehen, dass ihr Unterricht wenig zu wünschen übriglässt. Will man möglichst alle Schülerinnen und Schüler in den Unterricht, nicht zuletzt in die Feedback-Praxis einbeziehen, sollte man dieses Vorgehen ändern.

Zunächst muss man der Lerngruppe das Vorgehen erklären. Die Lehrperson stellt eine Frage oder setzt einen Impuls und ruft dann nach dem Zufallsprinzip eine Schülerin oder einen Schüler auf. Wenn sie herausfinden will, was die Lernenden bereits wissen und können, macht es wenig Sinn diejenigen aufzurufen, die sich gemeldet haben. Das Verfahren wird zunächst bei den Lernenden auf Widerstand stoßen: Die Eifrigen, die sich fast immer melden, bedauern es, ihr Wissen nicht länger zeigen zu können; andere befürchten, dass sie sich durch falsche Antworten zum Gespött der Klasse machen. Die Lehrperson muss entscheiden, ob sie das Verfahren: „Nur melden, wenn man eine Frage hat“ zur Grundlage ihres gesamten Unterrichts macht oder (zunächst) nur phasenweise einsetzt.

Eine weitere Möglichkeit, negative Reaktionen abzumildern, besteht darin, dass die Lehrkraft zunächst nach dem Zufallsprinzip verfährt, es den Schülerinnen und Schülern aber anschließend gestattet, sich zu melden. Man kann davon ausgehen, dass der Widerstand nach ca. zwei Wochen deutlich abnimmt und die Lernenden den Antworten ihrer Klassenkameradinnen und Klassenkameraden in der Folge größere Beachtung schenken.

Ist die Antwort nicht korrekt, darf dies keinerlei negative Folgen für die Schülerin oder den Schüler haben.

FORMULIERUNGEN

Es bieten sich Reaktionen an wie:

- How did you arrive at ...?
- Can you please explain why ...?
- Do you need additional information?

- Comment es-tu arrivé(e) à ... ?
- Pourrais-tu me dire ce qui a motivé ton choix ?
- Pourrais-tu expliquer pourquoi ..., s’il te plaît ?
- Est-ce que tu as besoin d’informations supplémentaires ?

Sich aus der Affäre zu ziehen mit: „[Das] weiß [ich] nicht!“ *(Don’t know. Je ne sais pas.)* ist keine Option. Es darf keinen Rückzug geben. Sonst würde eine wesentliche Wirkung des Verfahrens „Nur melden, wenn man eine Frage hat“ verpuffen, nämlich dass alle über die Fragestellung nachdenken, weil sie nicht wissen, wen die Lehrkraft aufruft. Je nach Reaktion individueller Lernender kann die Lehrperson eine weitere Schülerin oder einen weiteren Schüler nach dem Zufallsprinzip auswählen und mit der oder dem ersten Lernenden ins Gespräch bringen. So können sich nach und nach mehrere Schülerinnen und Schüler über ihre möglichen Antworten bzw. Ansichten austauschen. In jedem Fall sollte auf die erste Antwort im anschließenden Gespräch eine angemessene Reaktion erfolgen.

Lehrkräfte im englischsprachigen Raum, die das beschriebene Vorgehen bereits nutzen, bedienen sich häufig eines Verfahrens, das subjektive Entscheidungen der Lehrerin oder des Lehrers weitgehend ausschließt. In der Klasse gibt es einen Behälter mit Stöckchen – die Stile von Eiscreme bieten sich an – mit dem Namen einer oder eines Lernenden oder einer Nummer, die für einen individuellen Lernenden steht. Daraus trifft die Lehrperson – nun wirklich nach dem Zufallsprinzip – eine Auswahl. Bisweilen verwaltet auch eine Schülerin oder ein Schüler den Behälter.

> Eine wichtige Voraussetzung dafür, dass das beschriebene Verfahren funktioniert, beruht auf der sogenannten *Wait time*. Damit ist gemeint, dass die Lehrkraft je nach Fragestellung eine angemessene Zeit wartet, bis sie eine oder einen Lernenden aufruft. Die *Wait time* sollte eigentlich bei allen Fragestellungen und Impulsen angewendet werden, nicht nur wenn die Lehrperson nach dem Zufallsprinzip verfährt.

Zusätzlich bietet es sich an, das Unterrichtsprinzip *Think-Pair-Share* zu nutzen: An die kurzzeitige Beschäftigung mit dem von der Lehrkraft eingeführten Lerninhalt in Einzelarbeit schließt sich ein rascher Austausch im Tandem an, bevor die Ergebnisse in knapper Form im Plenum vorgestellt werden (vgl. Teil II, Kap. 4).

Die Selbstevaluation *(self assessment)* (vgl. Kap. 6) gilt selbstverständlich nicht nur für Schülerinnen und Schüler. Auch Lehrpersonen sind gehalten, sich in den verschiedensten Bereichen selbst zu evaluieren, z. B. im Bereich der in diesem Teilkapitel angesprochenen Lehrerfragen. Sie sollten von Zeit zu Zeit überdenken, inwieweit sie folgende Grundsätze befolgen:

- Ich bemühe mich herauszufinden, was jede oder jeder meiner Lernenden weiß, am besten einmal in jeder Unterrichtsstunde.
- Ich stelle sicher, dass alle Schülerinnen und Schüler genügend Zeit haben, über die Antwort auf eine Frage nachzudenken. Ich mache eine Pause, bevor ich jemand aufrufe.

- Ich ermögliche der Schülerin oder dem Schüler einen Ausweg, wenn sie oder er meine Frage nicht beantworten kann, aber ich komme anschließend wieder auf die oder den Lernenden zurück.
- Die Lernenden stellen eigene Fragen, welche Mitschülerinnen oder Mitschüler beantworten.
- Ich nutze das Verfahren „Nur melden, wenn man eine Frage hat“ als generelles Vorgehen im Unterricht.
- Ich nutze Feststellungen anstelle von Fragen, um die Lernenden zu durchdachteren Antworten zu veranlassen.
- Ich teste die Schülerinnen und Schüler, überprüfe ihre Antworten und vertiefe die Gebiete, mit denen Lernende Probleme haben, bevor ich im Unterricht fortfahre.

Eine ausführlichere Fassung dieser Checklist mit entsprechenden Abstufungen (Von ‚I don’t do this‘ bis ‚I could support someone else‘) findet sich bei Wiliam und Leahy (2015, S. 97).

3.2 Beispiele für die Beteiligung der Schülerinnen und Schüler

Nicht ohne Grund lautet die Kapitelüberschrift „Die Lernenden in wichtige Entscheidungen einbinden“. Unterricht ist so vielfältig, dass man keineswegs alle Gelegenheiten benennen, geschweige denn ausführlicher behandeln kann, in denen Rückmeldungen für die Lernenden hilfreich sein können. In den Teilen II und III werden deshalb die Bereiche dargestellt, die in jedem Unterricht, vor allem im Fremdsprachenunterricht von Bedeutung sind. Das gestattet nicht nur eine angemessene Darstellung wichtiger Feedback-Formen und ihrer möglichen Wirkung. Die Lehrpersonen, die Feedback einen größeren Stellenwert in ihrem Unterricht einräumen möchten, werden nicht von der Fülle der Empfehlungen und Beispiele abgeschreckt.

Die beiden Forscher Wiliam und Hattie und ihre Teams, die Feedback in der Unterrichtspraxis einen gebührenden Platz einräumen, sind m. E. in dieser Hinsicht nicht nachahmenswert. Wiliam und Leahy verfolgen mit ihrer Publikation *Embedding Formative Assessment. Practical Techniques for K-12 Classrooms* nach eigenen Angaben das Ziel, einzelne Lehrkräfte in die Lage zu versetzen, auf sich selbst gestellt ausgewählte Formen der Rückmeldung in ihren Unterricht zu integrieren. Auf ca. 200 Seiten stellen sie über 120 Feedbackverfahren vor, die sie am Anfang des Buches auflisten: *Techniques, Tips, Cautions and Enhancements* (vgl. S. XI–XV). Hattie und Clarke beschränken sich in dieser Hinsicht; sie nutzen aber bestimmte Verfahren nicht in herkömmlicher Weise, z. B. die SOLO-Taxonomie von Biggs und Collis (1982), sondern schlagen einen sehr komplexen Einsatz dieses nützlichen Analyse-Instruments vor (Hattie/Clarke 2018, S. 68 ff.), (vgl. Kap. 5.4).

3.2.1 Alternative Vorschläge für mögliche Lernziele

Damit die Lernenden sich angemessen beteiligen können, sollten sie zu Beginn einer Unterrichtseinheit mit den Lernzielen vertraut gemacht werden. Diese sind nach den Maßgaben des *Backward Designs* festzulegen, d. h. die Ziele stehen im Wesentlichen fest, bevor Methoden, Medien und Formen der Rückmeldung ausgewählt und eingesetzt werden. Die Lehrerin oder der Lehrer muss die Ziele nicht unbedingt gleich zu Beginn einer neuen Unterrichtseinheit benennen, jedoch so früh, dass die Vorgaben den Schülerinnen und Schülern beim Lernen helfen. Sie müssen wissen, was sie erreichen sollen und wollen.

Hauptsächlich fortgeschrittene Schülerinnen und Schüler können sich an der Auswahl der Ziele beteiligen. Dabei muss man berücksichtigen, dass Ziele und oft auch Inhalte vom Curriculum vorgegeben sind. Außerdem hat nur die Lehrkraft den nötigen Überblick. Dennoch kann man sich vorstellen, dass Lernende im Fortgeschrittenenunterricht einen Beitrag leisten können, indem sie zwischen alternativen Vorgaben der Lehrperson auswählen. Generell ist es auch bei den meisten im Folgenden dargestellten Beispielen hilfreich, die Schülerinnen und Schüler nicht gleich von Anfang an mit direkten Fragen zu konfrontieren. Damit die Lernenden sich wirklich beteiligen können und nicht den Eindruck gewinnen, sie würden nur pro forma einbezogen, bieten sich Fragen an, die ihnen eine glaubwürdige Alternative hinsichtlich der Lernziele eröffnen:

FORMULIERUNGEN

- After the end of our teaching unit about stereotypes, what do you think could be our next learning intentions? Should we deal with friendship and love across cultures or should we read a short story that is based on stereotypes in an indirect way?
- In our last unit you have learned how to create a poster. What can be our aims in the next weeks? Would it make sense to create a more sophisticated poster about visiting an interesting place in the United States or should we present our school to your exchange partners in the USA using an internet document?

- Maintenant que nous avons fini notre unité sur les stéréotypes, à quel sujet préfériez-vous vous consacrer maintenant? À la lecture d'une nouvelle

où les stéréotypes jouent indirectement un grand rôle ou à la découverte des formes que prennent l'amitié dans des cultures différentes?
- Dans notre dernière unité, vous avez appris à créer une affiche. Quels peuvent être nos objectifs dans les semaines à venir? Serait-il sensé de créer une affiche plus élaborée sur la visite d'un endroit intéressant au Canada ou devrions-nous présenter notre école à vos partenaires d'échange canadiens en utilisant un document Internet?

3.2.2 Lernerfolgskriterien anhand ausgearbeiteter Beispiele benennen

Um die Lernenden nach und nach dahin zu führen, zunehmend selbstständiger zu arbeiten, sollten sie möglichst frühzeitig in die Festlegung von Lernerfolgskriterien einbezogen werden. Dabei ist, wie auch bei den Lernzielen, zu berücksichtigen, dass die Angaben nicht an bestimmte Inhalte gebunden sein sollten. Andernfalls haben viele Schülerinnen und Schüler Probleme damit, die Strategien und Techniken auf andere Lernkontexte und Inhalte zu übertragen. Außerdem ist zu bedenken, dass Erfolgskriterien bisweilen verpflichtend sind, bisweilen jedoch nur gewisse Tools benennen, unter denen die Lernenden auswählen können. Beispielsweise gibt es verbindliche Regeln für Rechtschreibung und Grammatik oder den Aufbau eines bestimmten Genres, während die Beschreibung eines Protagonisten in einer Erzählung einen großen Spielraum lässt.

Um den Schülerinnen und Schülern Hinweise zu geben, wie sie vorgehen können bzw. woran sie ablesen können, ob sie auf dem richtigen Weg sind, bieten sich zunächst ein oder mehrere ausgearbeitete Lösungsbeispiele (*worked examples; exemples élaborés*) an. Auch die in 3.2.3 dargestellten Kriterienraster (rubrics, grilles de critères) sind eine Alternative; wie wir sehen werden, sind sie aber den Lernenden aufgrund ihres abstrakten Charakters besonders in der Anfangsphase weniger zugänglich als ausgearbeitete Beispiele.

Häufig zögern Lehrkräfte, ein ausgearbeitetes Beispiel an den Anfang einer Unterrichtseinheit zu stellen, weil sie befürchten, die Schülerinnen und Schülern würden dadurch vom eigenen Nachdenken und Arbeiten abgehalten, weil sie das Beispiel zu kopieren suchen. Wissenschaftliche Untersuchungen belegen, dass das nicht der Fall ist; im Gegenteil: Unter Anwendung ausgearbeiteter Beispiele erzielen die Lernenden sogar bessere Ergebnisse. Das mag damit zusammenhängen, dass das Beispiel ihr Lernen von Anfang an in die richtigen Bahnen lenkt und sie nicht auf Versuch und Irrtum angewiesen sind.

In der Literatur wird häufig empfohlen, als ausgearbeitetes Beispiel die Ergebnisse von Schülerinnen und Schüler aus vorangegangenen Schuljahren zu verwenden. Diese Empfehlung kann bisweilen sinnvoll sein; sie unterstellt aber, dass die Lehrerin oder der Lehrer immer wieder dieselben Aufgaben stellt. Das mag sich von Zeit zu Zeit anbieten, ist aber meiner Ansicht nach fragwürdig. Die Lerninhalte und die Unterrichtsaktivitäten mögen zwar in aufeinander folgenden Schuljahren ähnlich sein und die Lerngruppen mögen sich bis zu einem gewissen Punkt ähneln, verlangen aber meines Erachtens in der Regel auf sie, und nur auf sie, abgestimmte Ziele, Inhalte und Methoden. So lehnt Doug Lemov (2020) es beispielsweise ab, die Vorschläge der Khan Academy zu verwenden, obgleich sie als tragfähig und nachahmenswert gelten. Kurz gesagt: Das ausgearbeitete Beispiel sollte auf die jeweilige Lerngruppe zugeschnitten sein.

Ob man nun ein mehr oder weniger „perfektes" Beispiel vorgibt, gewisse Unzulänglichkeiten einbaut oder den Lernenden mehrere ausgearbeitete Beispiele zur Verfügung stellt, hängt von zahlreichen Faktoren ab: dem Lernkontext, den fachlichen Zielen und Inhalten und nicht zuletzt dem Schwierigkeitsgrad der zu bewältigenden Aufgabe. Nachdem die Lernenden sich mit dem oder den ausgearbeiteten Beispielen vertraut gemacht haben, können sie angeben, in welcher Hinsicht bzw. welche Einzelheiten des Beispiels sie positiv bewerten und welche Aspekte ihnen weniger gelungen erscheinen. Im Fortgeschrittenenunterricht kann dies mithilfe der folgenden Formulierungen geschehen. Will man sicher sein, dass die Lernenden die Vorgaben wirklich verstehen und auf ihre Ausarbeitungen anwenden können, kann man auch auf deutsche Formulierungen zurückgreifen. Eine Übertragung ins Deutsche sollte auf jeden Fall nicht immer erfolgen, weil die Schülerinnen und Schüler dann bei französischen Angaben nicht zuhören, wissen sie doch, dass eine Übertragung ins Deutsche erfolgt.

FORMULIERUNGEN

Fragen zu ausgearbeiteten Beispielen:

- How is the example "…" relevant to our task? Why?
- What points are at odds with the task at hand?
- What details would you take up and modify?
- What would you possibly leave out? Why or why not?

- En quoi l'exemple «…» est-il significatif de notre tâche? Pourquoi?
- Quels sont les points qui sont en contradiction avec la tâche demandée?
- Quels sont les détails que vous pourriez reprendre en les modifiant?
- Qu'est-ce que vous laisseriez éventuellement de côté? Pourquoi?

3.2.3 Kriterienraster nutzen

In englischsprachigen Ländern, besonders in den USA, werden häufig Kriterienraster *(rubrics; grilles d'évaluation/grilles de critères)* zur Beurteilung und Bewertung von Schülerarbeiten eingesetzt. Diese Raster bieten sich jedoch auch als Diskussionsgrundlage bei der Ausarbeitung einer Aufgabe an. Sie werden von den meisten Expertinnen und Experten als Feedback-Hilfen für die Schülerinnen und Schüler empfohlen. Besonders am Anfang einer neuen Unterrichtseinheit können sie den Dialog mit den Lernenden in Gang bringen.

Obgleich es auch englisch- und französischsprachige Raster für den Fremdsprachenunterricht gibt, kann man die wenigsten direkt übernehmen. Meist muss man sie mehr oder weniger an den eigenen Lernkontext anpassen. Das ist zwar zunächst aufwendig, hat aber den Vorteil, dass die eigenen *rubrics* oder *grilles de critères* auf die jeweilige Lerngruppe zugeschnitten sind und nicht nur von der Lehrperson bei der Benotung eingesetzt werden können. Durch das Kriterienraster erfahren die Lernenden, worauf es ankommt und wie sie Schritt für Schritt nachvollziehen können, wie weit sie noch von einer guten bis sehr guten Lösung entfernt sind.

Es bietet sich an, die Schülerinnen und Schüler zunächst mit einem Raster wie dem folgenden, welches für narratives Schreiben in der Middle School in den USA konzipiert ist, vertraut zu machen: *What is such a rubric good for?* Die Lernenden werden feststellen, dass diese Raster in erster Linie für die Hand der Lehrenden gedacht sind. Sie listen Kriterien auf, die Lehrkräften die Festlegung einer Note erleichtern, so dass sie weniger von subjektiven Eindrücken abhängig sind. Wenn nicht von selbst, dann gelingt den Schülerinnen und Schülern der Perspektivwechsel mithilfe der Lehrperson: *How can you use such a rubric for your own learning?* Sie werden sich bemühen, der aufgezeigten Progression, so gut es geht, zu folgen. Das Kriterienraster hilft ihnen dabei, ihr Lernen zu verbessern, wissen sie doch jetzt genauer, worauf es ankommt.

Im Anschluss folgt ein Raster, welches für das Lehren und Lernen von Fremdsprachen konzipiert ist und sich für einen Vergleich mit der *Rubric* von Catlin Tucker anbietet.

Ein Vergleich der beiden *rubrics* zeigt, dass bei der Erstellung des zweiten Rasters Vorstellungen vom Erlernen einer Fremdsprache mitschwingen, die viele Fremdsprachenlehrende vermutlich so nicht teilen. Ähnliches gilt für die restlichen acht Kriterienraster auf der angegebenen Website. Daher noch einmal der Appell, eigene Raster zu erstellen oder die vorhandenen entsprechend anzupassen.

Element	Needs Improvement 1	Fair 2	Strong 3	Excellent 4
Orients and Engages the Reader	Does not engage or orient the reader by establishing a situation. Introduces the narrator and develops at least one character.	Attempts to engage the reader by establishing a situation. Introduces the narrator and develops at least one character.	Engages and orients the reader by establishing a situation, introducing the narrator, and developing characters.	Immediately engages and orients the reader by establishing a clear situation, introducing the narrator, and developing interesting characters.
Narrative Techniques	Little to no attempt to use dialogue, description, and pacing. Experiences and events are underdeveloped throughout.	Attempts to use dialogue, description, and pacing but experiences and events are underdeveloped.	Uses dialogue, description, and pacing to develop experiences, events, and characters.	Effectively uses dialogue, description, and pacing to develop experiences, events, and characters,
Sequence of Events	Unclear sequence of events. The plot is hard to follow throughout.	Attempts to sequence events. The plot is hard to follow in places.	Clear sequence of events that unfold naturally.	Clear purposeful sequence of events that unfold naturally.
Conclusion	Abrupt ending. No concluding statement.	Ends with a concluding statement that does not clearly follow from the narrative.	Ends with a concluding statement that follows from the narrative.	Effectively ends with a strong concluding statement that follows from the narrative.
Organization & Transitions	Little to no attempt at organization.	Attempts to organize ideas, but traditional language is needed.	Organizes ideas in a logical way. Transitional language used.	Strong organization and transitional language used throughout.
Mechanics (Spelling & Grammar)	Distracting mechanical errors throughout.	Mechanical errors distract from the narrative at times.	A couple errors present, but they do not distract.	Mechanics reflect careful editing.

Tab. 1: Tucker, Catlin: Blended Learning in Grades 4–12 (bit.ly/6-8NarrativeWritingRubric; last access Sept. 2022)

	Organization and Presentation	Accuracy	Comprehen-sibility; Ability to communicate ideas and be understood	Creativity	Language Production
4	Complete the student's writing is well-organized and in appropriate format. Sequencing words are used appropriately and consistently.	Structures and vocabulary are used correctly. Spelling, capitalization, and punctuation mistakes are rare.	Totally comprehensible – The student uses complex language to convey the idea clearly.	The student's writing exhibits thoughtful input.	Language produced exceeds the minimum requirements of the assignment.
3	Generally complete – The student's writing is organized and in appropriate format. Use of sequencing words is evident.	Any mistakes in usage are without pattern and do not distort the meaning or inhibit communication. Spelling, capitalization and punctuation mistakes are infrequent.	Comprehensible – The language used adequately express the message.	The student's writing has some evidence of thoughtful input.	Language produced fulfills the minimum requirements of the assignment.
2	Partially complete – The student's writing shows some organization and some use of appropriate format. Use of sequencing words is minimal.	Mistakes in usage are frequent and may distort meaning or inhibit communication. Spelling, capitalization and punctuation mistakes are frequent.	Somewhat comprehensible – The message is unclear in places.	The student's writing has little evidence of thoughtful input.	Language produced shows some evidence of the minimum requirements of the assignment.

1	Incomplete – The student's writing shows little or no organization and some use of appropriate format. There is little or no evidence of sequencing words.	Mistakes in usage are pervasive, distort meaning and prevent effective communication. Spelling, capitalization and punctuation mistakes are pervasive. The student has failed complete the assignment.	Incomprehen-sible.	The student's writing shows no evidence of thoughtful input.	Language produced shows little or no evidence of the minimum requirements of the assignment.
Score					

Tab. 2: Rubric for foreign language creative writing assignment
(http://teachers.dadeschools.net/eiznaga/oral%20rubric.pdf; last access Sept. 2022)

Nicht nur in den englischsprachigen Ländern, sondern auch in Frankreich und vor allem in Kanada werden *grilles de critères* zunehmend im Sinne eines Feedbacks eingesetzt, das über das summative Assessment hinausweist. So charakterisiert Gabriel d'Amours, conseiller pédagogique an der *École des hautes études commerciales* in Montréal, durch seine Fragen folgende drei Aspekte:

> *LES GRILLES D'ÉVALUATION*
> *Vous cherchez une façon efficace d'évaluer des travaux longs et complexes?*
> *Vous souhaitez gérer les attentes et diminuer les demandes de révision de note de vos étudiants?*
> *Vous souhaitez offrir davantage de rétroactions sur les travaux de vos étudiants?*
> (https://www.hec.ca/daip/ressources_pedagogiques/grillesEvaluation.pdf; dernier accès en sept. 2022)

Die französischsprachigen Kriterienraster gelten in der Regel für den Hochschulbereich; einige wenige, die für das Baccalauréat konzipiert sind, orientieren sich am Gemeinsamen europäischen Referenzrahmen für Sprachen (GeR) und eignen sich nicht als Instrument für (formatives) Feedback. Als Einstieg kann folgendes Raster dienen (vgl. außerdem die SOLO-Taxonomie, Kap. 5.4). Vermutlich ist es sinnvoll, es mit den Schülerinnen und Schülern zunächst auf Deutsch zu besprechen. Anschließend können die Lernenden mithilfe französischer Grundbegriffe ein eigenes (stark vereinfachtes) Raster für eine mündliche Präsentation erstellen.

Échelle d'appréciation

Critères	Excellent	Très bien
1. Composante disciplinaire (20) • Maitrise du sujet • Utilisation des concepts	• Par son raisonnement et son analyse, l'étudiant démontre sa parfaite compréhension du sujet • L'étudiant manie les concepts avec adresse	• L'étudiant démontre une compréhension d son sujet, malgré le fa que l'analyse ne soit p toujours exacte • Il manie habilement la plupart des concepts
2. Qualité de l'argumentation (45 %) • Argumentation claire • Argumentation fondée sur des faits • Nombre d'illustrations • Utilisation et lisibilité des illustrations		
3. Qualité de la présentation (15 %) • Présentation et respect du plan • Respect de la durée • Dynamisme		
4. Réponses aux questions (10 %) • Justesses	Pondération des critères	
5. Appréciation générale (10 %)		
Commentaires (généraux) et suggestions	Par exemple : Présentation intéressante, exhaustive du point d des problématiques du domaine et l'évolution des moyens de r depuis le début du XX siècle. Le choix des sources aurait mérit de rigueur. Les hypothèses présentées en fin de présentation pourraient constituer un excellent sujet de recherche pour un n	

Tab. 3: Prégent, Richard/Bernard, Huguette/Kozanitis, Anastassis 2009: Grilles d'Évaluation Critériées. Enseigner à l'université dans une approche-programme. Montréal, Canada: Presses internationales Polytechnique. Exemples disponibles à l'adresse: https://www.polymtl.ca/livreeuap/ docs/documents/grilles_evaluation-p162-172.pdf ; dernier accès en sept. 2022)

▪ctible	Insuffisant	Commentaires par critère
▪s failles de son analyse ▪montrer une compréhension ▪complète de son sujet ▪ présentation des concepts ▪mporte des imprécisions ou ▪ême des erreurs	• L'analyse présentée ne permet pas de démontrer si le sujet a été compris • La présentation des concepts n'est pas pertinente ou il manque des explications essentielles	La théorie X serait complémentaire à votre analyse, elle permettrait aussi de rendre compte de tel phénomène

▪ de la description des niveaux d'appréciation ▪ur chaque critère ou élément observable

4 Feedback ist keine Einbahnstraße

4.1 Feedback der Lehrperson für individuelle Lernende

Wenn man davon ausgeht, dass Feedback das Lernen einzelner Schülerinnen und Schüler voranbringen soll, sie also Hinweise erhalten sollen, was sie als nächstes tun können und worauf sie achten müssen, damit sie die Lernziele erreichen, sind die Aussagen der Lernenden selbst am wichtigsten. Nur wenn die Lehrerin oder der Lehrer erfährt, wie eine Schülerin oder ein Schüler vorgegangen ist, wo Probleme aufgetaucht sind und welche Fragen sich für die oder den Lernenden daraus ergeben, kann Feedback der Lehrperson (und/oder von Peers) seine volle Wirkung entfalten. In vielen Unterrichtszusammenhängen kann man keine Trennung von Rückmeldung der Lehrkraft für die Schülerinnen und Schüler sowie Feedback der Lernenden für die Lehrperson vornehmen, da diese sich gegenseitig bedingen. Deshalb sollen diese hier gemeinsam betrachtet werden. Lehrpersonen können ihr Feedback vor allem dadurch verbessern, dass sie versuchen, das bisherige Verständnis der Aufgabe durch die oder den individuellen Lernenden zu eruieren und dann Varianten hinsichtlich der kognitiven Prozesse sowie zusätzliche Informationen und alternative Strategien ins Spiel zu bringen. Das Selbstbild sowie das Durchhaltevermögen sollen dabei ebenfalls gestärkt werden. Selbstverständlich kann und muss die Lehrperson den jeweiligen Lernenden auch zu verstehen geben, dass ihre (bisherige) Lösung nicht richtig ist. Das setzt Gruppenzusammenhalt und eine besonders positive Schüler-Lehrer Beziehung voraus (in Anlehnung an De Florio-Hansen 2019a).

Zwar hat formatives Feedback im Unterricht seit Beginn des Millenniums deutlich zugenommen; dennoch kommen viele Rückmeldungen, die Lehrpersonen ihren Schülerinnen und Schülern geben, nicht bei den individuellen Lernenden an. Das hat vor allem folgende Gründe:

- Die Lehrkraft lenkt die Aufmerksamkeit nicht hinreichend auf die Rückmeldung, so dass sie von der oder dem betreffenden Lernenden nicht als Feedback wahrgenommen wird.
- Oft ist die Rückmeldung zu allgemein formuliert, um die Schülerin oder den Schüler tatsächlich zu erreichen.
- Die Lernenden nehmen die Aussage der Lehrkraft zwar als Feedback wahr, beziehen die Rückmeldung aber nicht auf sich.

Es ist sicher nicht allzu schwer, mündliches Feedback im Unterricht so zu formulieren, dass es die individuellen Lernenden erreicht, für die es bestimmt ist. Bedeutend schwieriger ist es, der oder dem betroffenen Lernenden eine Rückmeldung zuteilwerden zu lassen, die ihr oder ihm bei der Verbesserung der bisherigen Lernleistung und der erfolgreichen Bewältigung der Aufgabe tatsächlich weiterhilft. Dabei sind die Schülerinnen und Schüler selbst vermutlich die größte Hilfe. Wissenschaftliche Studien haben ergeben, dass die Lernenden sich Rückmeldungen wünschen, die das von Hattie propagierte *Feed Forward* betonen. Sie möchten erfahren, wie sie weiterarbeiten können.

Wenn es also um Impulse für das Weiterlernen geht, ist es entscheidend, zu welchem Zeitpunkt das Feedback erfolgt. Es hilft den Schülerinnen und Schülern nicht weiter, wenn sie nach einer Woche von der Lehrkraft eine Rückmeldung zu einer Leistung erhalten, die sie bereits „zu den Akten gelegt“ haben (vgl. Nottingham/Nottingham 2017, S. 24). Es wird immer wieder darauf hingewiesen, wie wichtig das Timing beim formativen Feedback ist: Es sollte nicht zu früh erfolgen, wenn die Schülerinnen und Schüler einen Lernabschnitt noch nicht abgeschlossen haben, also noch nicht über das Wissen und Können verfügen, auf das sie das Feedback beziehen können (vgl. Kap. 2.1). Die Lehrperson darf aber mit ihrer Rückmeldung auch nicht zu lange warten. Dann nutzen die Lernenden das Feedback nicht, weil sie längst mit etwas anderem beschäftigt sind (vgl. Li/Zhu/Ellis 2016, S. 276–295).

Hattie selbst widmet dem Thema Feedback in seinem Lehrerhandbuch zu *Visible Learning* ein ganzes Kapitel (Hattie 2012, S. 115 ff.). Er nennt acht entscheidende Punkte zur Verbesserung des Feedbacks von Lehrkräften für ihre Lernenden. Sie bieten einen weitgehend vollständigen Überblick über mögliche Vorgehensweisen.

Affektive Prozesse *(affective processes):*
Sie beziehen sich hauptsächlich auf das Lehrer-Schüler-Verhältnis (d = 0,72). Lehrkräfte müssen den Lernenden das Gefühl geben, dass alle ohne Unterschied akzeptiert sind. Außerdem können sie den Lernenden auch durch kurze Erzählungen oder Biografien von berühmten Personen zeigen, dass sie hohe Ziele erreichen können, wenn sie die nötige Anstrengung auf sich nehmen und möglichst selbstbewusst agieren.

Vermehrtes Durchhaltevermögen, Motivation oder Engagement *(increased effort, motivation, or engagment):*
Wenn Lehrpersonen merken, dass die Lernenden in dem einen oder anderen Bereich nachlassen oder gänzlich demotiviert sind, helfen Ermahnungen oder Tadel wenig. Eine bessere Möglichkeit besteht darin, zusammen mit der oder dem Lernenden herauszufinden, worauf das (teilweise) Schei-

tern zurückzuführen ist. Auch hier helfen konkrete Beispiele, interessante Geschichten oder Rätsel. Zudem wird das Vorbild der Lehrperson selbst oft unterschätzt. Wie können Lehrkräfte von den Schülern Anstrengung, Motivation und Engagement erwarten, wenn sie selbst die entsprechenden Merkmale nicht zeigen?

Varianten der kognitiven Prozesse *(providing different cognitive processes):*
Sie kommen ins Spiel, wenn es darum geht, Teile oder den gesamten Lehrstoff noch einmal darzubieten, weil einzelne Schülerinnen oder Schüler bzw. Schülergruppen das anvisierte Niveau nicht erreicht haben. Die erneute verbale Erläuterung von unbekanntem Vokabular führt freilich selten zum Erfolg. Es ist sinnvoller, wenn Lehrpersonen zu effektiveren Strategien wie Beispielen oder Visualisierungen greifen. Die Lernenden profitieren von der erneuten Darbietung am meisten, wenn sie an der Konstruktion der Hilfen beteiligt sind.

Restrukturierung des Verständnisses *(restructuring understanding):*
Die Lernenden erhalten Gelegenheit, Konzepte oder Schemata, die sie bereits gelernt und gespeichert haben, aus dem Gedächtnis abzurufen. Wenn sie beispielsweise eine Beschwerde über eine falsche oder unzureichende Lieferung eines Online-Anbieters formulieren sollen, kann die Lehrperson sie daran erinnern, dass sie in einer Übung im Arbeitsbuch die Beschwerde eines Gastes in einem Restaurant bearbeitet haben (oder sie kann ein ausgearbeitetes Beispiel bereitstellen).

Richtig oder falsch *(correct or incorrect):*
Gruppenzusammenhalt und respektvoller Umgang miteinander sind Voraussetzungen dafür, dass die Lernenden ohne Angst oder Scheu zu möglichen Fehlern oder Irrtümern stehen. Feedback der Lehrperson oder von Peers ist dann besonders erfolgreich, wenn jeder sagen kann, was er meint, und die Lernatmosphäre es gestattet, Fehler und Irrtümer als Lerngelegenheit zu verstehen. Es trägt zum Lernerfolg bei, wenn falsche oder nur teilweise korrekte Äußerungen ohne Umschweife angesprochen und richtiggestellt werden können.

Zusätzliche Informationen *(more information):*
Die Lehrperson sollte stets einige Zusatzinformationen und -materialien zur Verfügung haben. So können sich die Lernenden jederzeit an die Lehrkraft wenden, wenn sie mehr Informationen benötigen und/oder die angegebenen Internetquellen nicht finden. Die Hilfe der Lehrkraft oder die von Peers ist auch dann gefragt, wenn sich einzelne Schülerinnen und Schüler nicht si-

cher sind, ob die vorgefundenen Quellen zuverlässig sind und/oder ob sie zur erfolgreichen Bearbeitung der Aufgabe ausreichen.

Neue Richtungen *(new directions):*
Oft stehen sich die Lernenden selbst im Weg, weil sie hinsichtlich ihrer Lernstrategien oder -techniken unangemessene Gewohnheiten ausgebildet haben. Die Anstrengung der Lehrperson besteht in solchen Fällen darin, zusammen mit den individuellen Lernenden vorgefasste Meinungen aufzudecken, damit die Schülerinnen und Schüler ihr kritisches und kreatives Denken erweitern und ihrem Lernen eine neue Richtung geben können.

Alternative Strategien *(alternative strategies):*
Diese Forderung ist mit der vorausgegangenen Empfehlung eng verbunden. Auch wenn die Lernenden im Großen und Ganzen mit ihrem Lernen erfolgreich sind, sollten Lehrpersonen sie anspornen, alternative Verfahren auszuprobieren. Vorab können im Interaktiven Klassenunterricht entsprechende (seltenere) Strategien oder deren Kombination besprochen und an Beispielen erhellt werden. Mit Blick auf die komplexen Probleme, mit denen die Lernenden in ihrem späteren Leben konfrontiert sein werden, kann man sie nicht früh genug darauf vorbereiten, bisweilen unbeschrittene Wege zu gehen.

4.1.1 Lernstandsdiagnose und Lernstandserhebung

Um erfolgreich unterrichten und den Schülerinnen und Schülern ein angemessenes Feedback geben zu können, müssen Lehrpersonen den Wissens- und Kenntnisstand sowie die übergreifenden Kompetenzen ihrer Lernenden kennen. Genügt es denn nicht, wenn die Lehrerin oder der Lehrer weiß, was in den letzten Monaten und Wochen durchgenommen wurde? Einzelnen Lernenden zielgerichtete Rückmeldungen geben zu können, erfordert, wie man der Übersicht von Hattie entnehmen kann, weit mehr als das abzuhaken, was der Lehrplan vorgibt. Die Lernstandsdiagnose oder besser das diagnostische Assessment misst, über welches Wissen und Können eine Schülerin oder ein Schüler zu einem bestimmten Zeitpunkt verfügt mit dem Ziel, einen geeigneten Plan für das Weiterlernen auszuarbeiten (vgl. *Der fremdsprachliche Unterricht Englisch 2021/172: Diagnostizieren*). Daher fordert auch Emmanuel Weinert immer wieder die kontinuierliche Registrierung der Lern- und Leistungsfortschritte (1999). Selbstverständlich ist die Lernstandsdiagnose nur ein Teil einer umfassenden Feedback-Kultur, aber sie ist der Ausgangspunktpunkt für die Festlegung oder Bestätigung von Zielen und Inhalten für eine bestimmte Lerngruppe. Dabei sollte die Lehrperson einzelne Lernende im Blick haben.

Hattie und Clarke empfehlen eine etwa fünfminütige Diskussion mit oder besser in der Lerngruppe, um den Lernstand zu diagnostizieren. Eine solche Diskussion hat zahlreiche Vorteile: Die Lernenden diskutieren und reflektieren ihr eigenes Verständnis des infrage stehenden Inhalts. Die Lehrkraft kann ihren Ausführungen zuhören und sich ein Bild vom Lernstand machen. Dadurch erhält sie Hinweise darauf, wie die geplante Unterrichtsstunde verlaufen sollte. Außerdem macht das Autorenteam Vorschläge für sogenannte *starter questions,* also einleitende Fragen, welche die Diskussion in Gang bringen können. Davon lässt sich nur eine einzige auf das Lehren und Lernen von Fremdsprachen beziehen, nämlich: „Does sentence start variety play a more important part in fiction or non-fiction?“ Auf alle Fälle geht es um konkrete Fragen zum Inhalt, die ohne Zweifel den Austausch unter den Lernenden eher anregen und konkretisieren als Fragen wie: „What do you know about …?“ (Hattie/Clarke 2918, S. 50 f.).

Man darf erwarten, dass die Lehrkraft bemüht ist, die Angaben der Lernenden zu Kriterien in Beziehung zu setzen, die zwar nicht empirisch evaluiert sind, die aber auf den oben genannten Gütekriterien (Validität, Reliabilität und Objektivität, vgl. 1.2) als eine Art Idealvorstellung beruhen. Von diesen kurz vorgestellten Lernstandsdiagnosen, also subjektiven Messungen, sind Lernstandserhebungen zu unterscheiden, die auf externen Evaluationskriterien basieren. Die Grundlage hierfür bilden beim Lehren und Lernen von Fremdsprachen häufig die Niveaustufen des GeR und/oder die Bildungsstandards der KMK. Aber auch die Ergebnisse dieser Lernstandserhebungen, die auf einem summativen Assessment beruhen, können zur Diskussionsgrundlage gemacht werden:

FORMULIERUNGEN

Diskussion über das Ergebnis einer Lernstandserhebung:

- Did the tasks and activities of the test correspond to your expectations? Which ones did so more? Which ones less?
- Together with your tandem partner replace one of the tasks. Why do you think that your choice is more convenient?
- What would you do differently when preparing for the next test?

- Les tâches et activités du test correspondaient-elles à tes attentes? Lesquelles plus? Lesquelles moins?
- Avec ton partenaire de tandem, remplace une des tâches. Pourquoi pensez-vous que la vôtre est plus convenable?
- Que ferais-tu différemment lors de la préparation du prochain test?

4.1.2 Feedback bezüglich der Aufgabe, der Lernprozesse und der Selbstregulation

Stehen die Lernenden noch am Anfang ihrer Arbeit an einer Aufgabe, so fokussieren sie hauptsächlich auf die Inhalte und weniger auf die Lernprozesse und die Selbstregulation. Die letzten beiden Aspekte kommen erst ins Spiel, wenn die Schülerinnen und Schüler bereits einen entsprechenden Wissen- und Kenntnisstand erreicht haben (vgl. 2.1). Daher sollte sich das Feedback der Lehrperson zunächst auf die Korrektur unrichtiger Aussagen beschränken und zusätzliche Hinweise zunächst zurückstellen. Die Korrektur (*corrective Feedback* vgl. 1.1) beschränkt sich aber keineswegs nur auf die Nennung der richtigen bzw. erwünschten Lösung.

Korrektives Feedback kann verschiedene Formen annehmen:

- Die Lehrkraft weist direkt daraufhin, dass es sich um einen Fehler handelt und nennt die richtige Form.
- Die Lehrperson gibt indirekt zu verstehen, dass die Antwort der Schülerin oder des Schülers nicht korrekt ist, indem sie die richtige Form (gegebenenfalls mit entsprechender Betonung) selbst nennt.
- Sie fordert die oder den Lernenden auf, die Antwort zu überdenken und in korrekter Form zu wiederholen: Excuse me, I don't understand (what you mean). Pardon. Je ne comprends pas ce que tu veux dire.
- Die Lehrerin oder der Lehrer gibt einen metasprachlichen Hinweis, indem sie oder er zu verstehen gibt, dass beispielsweise die Zeit der Verbform nicht angemessen gewählt ist: What do you mean? Today or in the past? Qu'est-ce que tu veux dire? Aujourd'hui ou dans le passé?
- Die Lehrperson veranlasst die oder den Lernenden durch Fragen und Aussagen dazu, ihre bzw. seine Formulierung zu überdenken: How do you express that in English? The word ... does not exist in English. Comment est-ce qu'on dit en français? Le mot ... n'existe pas en français.
- Die Lehrkraft wiederholt die Aussage der oder des Lernenden, wobei sie das inkorrekte Wort oder die entsprechende Passage besonders betont.

(in Anlehnung an Lyster/Ranta 1997, S. 37–66; vgl. Ellis 2009, S. 97–107)

Welches der genannten Korrekturverfahren bei welchen Gelegenheiten in einer Lerngruppe oder bei individuellen Lernenden erfolgreich ist, sollte die Lehrperson selbst herausfinden. Mein Plädoyer geht dahin, künstliche Arrangements möglichst zu vermeiden. Das setzt aber eine echte Beziehung auf Augenhöhe voraus.

Die aufgelisteten korrektiven Feedback-Verfahren spielen im Zusammenhang mit den elektronischen Technologien, d.h. mit Online-Lernangeboten, eine Rolle. Aus Kostengründen bietet Lernsoftware meistens für alle Lernenden die gleichen Lösungen an. Ein individualisiertes Feedback stellt die Programmhersteller nämlich vor große Herausforderungen. Zu dieser im Interesse der Lernenden wünschenswerten Feedbackform schreibt Póltorak: „Elle exige d'une part une analyse intensive des réponses possibles avant la création du programme, de l'autre une programmation qui permette une analyse de réponse complexe pendant que l'apprenant parcourt les unités" (Póltorak 2011, S. 39). Wenn Feedback mithilfe digitaler Werkzeuge oder über Lernplattformen erfolgt, birgt dies außerdem auch Gefahren: Ein negatives Feedback kann individuelle Lernende demotivieren, wenn es nicht durch eine unterstützende Intervention der Lehrperson abgemildert wird. Letzteres ist freilich nur bei Face-to-face Begegnungen möglich (Einzelheiten vgl. Kap. 6).

Die folgenden Fragen eignen sich – am besten in Auswahl – für Gespräche mit individuellen Lernenden. Das können einzelne Schülerinnen oder Schüler sein, die sich an die Lehrkraft wenden, wenn sie während einer Einzel- oder Gruppenarbeit durch die Klasse geht. Je nach Thema und Aktivität kann die Lehrkraft auch Tandems oder Kleingruppen ansprechen und beraten. Das Geschick der Lehrerin oder des Lehrers besteht vor allem darin zu erkennen, welche Lernenden Hilfe benötigen. Diese kurzen Gespräche werden am besten auf Deutsch geführt. Damit die Fremdsprache nicht zu kurz kommt, kann die Lehrkraft einzelne Aspekte, die von verschiedenen Lernenden als problematisch empfunden wurden, auf Englisch oder Französisch vor der gesamten Lerngruppe wiederholen. Gerade in der Anfangsphase einer Unterrichtseinheit ist bisweilen auch erneute Instruktion (reteaching; réapprentissage) angesagt, weil die Schülerinnen und Schüler noch nicht in der Lage sind, Rückmeldungen auf die Aufgabe und deren Inhalte zu beziehen (vgl. 2.1)

FORMULIERUNGEN

Am besten bewährt haben sich Formen der mündlichen Rückmeldung, die direkt an einzelne Lernende gerichtet sind.

Fragen, die sich auf die Inhalte und Aufgaben beziehen:
- Was bedeutet X für dich?
- Kannst du mir die einzelnen Schritte nennen, die du zur Lösung des Problems genutzt hast? Erkläre, warum du an dieser Stelle diesen Schritt gewählt hast!

Fragen, die sich auf die Lernprozesse beziehen:
- Hast du über alternative Strategien nachgedacht?
- Warum hast du diese Strategie oder Technik gewählt?
- Hättest du von zusätzlichen Informationen profitieren können?

Fragen, die sich auf die Selbstregulation beziehen:
- Hattest du Zweifel hinsichtlich eines Schritts, den du zur Lösung der Aufgabe gewählt hast?
- Hast du um Hilfe nachgesucht? Auf welche Weise? Warum nicht?
- Welche Unterstützung hättest du gebraucht?
- Wie hast du dein Lernen während der Arbeit an der Aufgabe kontrolliert?

4.2 Formatives Feedback von Lernenden für die Lehrperson

Die meisten Lehrpersonen möchten gern wissen, was ihre Schülerinnen und Schüler über ihren Unterricht denken. Sie haben zwar eine Vorstellung davon, wie ihr Lehrverhalten und ihre Klassenführung *(Classroom Management)* bei den Lernenden ankommt, aber sie würden gern Einzelheiten erfahren. Trotz des lebhaften Interesses lehnen einige Wissenschaftler und Lehrpersonen ein Feedback der Lernenden für die Lehrerin oder den Lehrer ab. Sie halten das Schüler-Lehrer-Feedback aus mindestens drei Gründen für unangemessen. Die Ablehnung wird in der Rubrik Pro und Contra der Zeitschrift *Pädagogik* von Johannes Bastian thematisiert:
- Feedback innerhalb von hierarchischen Verhältnissen kann nicht zu ehrlichen Rückmeldungen führen. Jede Rückmeldung – auch wenn sie anonym durchgeführt wird – ist überschattet davon, dass die eine Seite Noten vergibt und die andere Seite Noten bekommt. Da Feedbackarbeit immer auch ein Gespräch über die Ergebnisse erfordert, kann das Versprechen von Anonymität nicht bis zuletzt durchgehalten werden. Die Befürchtung von Nachteilen verfälscht die Ergebnisse und macht sie letztlich unbrauchbar.
- Lehrer sind die Experten für Unterricht und Lernen. Die Verantwortung dafür können sie nicht mit den Schülern teilen. Feedbackarbeit aber geht davon aus, als gäbe es eine gemeinsame Verantwortung für Unterricht und Lernen. Diese Position überträgt Verantwortung an die Lernenden, der sie sachlich nicht gerecht werden können. Dies führt letztlich zu interessengeleiteten Rückmeldungen, die den Kampf um gute Noten und einen Unterricht mit geringeren Ansprüchen zum Ziel haben.
- Verpflichtendes Schülerfeedback birgt die Gefahr, dass Lehrende unter Druck gesetzt werden können. Erhält ein Lehrer immer wieder schlechte Rückmeldungen zu seinem Unterricht, so wird dies nicht ohne Folgen blei-

> ben. Solche Ergebnisse werden bekannt, auch wenn es die Vereinbarung gibt, dass Ergebnisse von Feedback den Klassenraum nicht verlassen sollten. Damit ist der Gefahr von Ranglisten in der Schule Tür und Tor geöffnet (Pädagogik 6/2013: 19).

Dieser Ablehnung stelle ich ein Statement von Hattie gegenüber:

> *Feedback from students to teachers involves information and understanding about the tasks that make the difference in light of what the teacher already understands, misunderstands, and constructs about the learning of his or her student.*
>
> (Hattie 2009, S. 238)

An anderer Stelle fordert Hattie, der Lehrer müsse das Lernen mit den Augen der Lernenden sehen oder besser noch: selbst zum Lernenden werden.

Es ist Hattie durchaus klar, dass dies ein langer Weg ist. Im Rahmen verschiedener Vorgehensweisen schlägt er vor, die Lehrkraft möge eine Art Selbstevaluation vor der Klasse vornehmen. Meines Erachtens ist dies ein bedenkenswerter Vorschlag, den auch andere Wissenschaftler und Pädagogen machen. Die Einschätzungen der Lehrkraft zum eigenen Unterricht können als Ausgangspunkt für ein Gespräch mit den Schülerinnen und Schülern dienen. Michaela Brohm hat dazu einen Fragebogen entworfen (Brohm 2012, S. 20: vgl. De Florio-Hansen 2019b, S. 64 ff.).

Kreuzen Sie Zutreffendes bitte an:	trifft gar nicht zu	trifft eher nicht zu	trifft eher zu	trifft sehr zu
Meine Schüler/innen können sich in meinem Unterricht häufig als selbstbestimmt wahrnehmen.	☐	☐	☐	☐
Ich stelle häufig fremdartige, neue, große, seltsame, verrückte oder anregende Aufgaben.	☐	☐	☐	☐
Das „Arousal-Niveau“ ist während meines Unterrichts im optimalen mittleren Erregungsbereich.	☐	☐	☐	☐
Wann immer möglich, ermögliche ich den direkten Kontakt zwischen Lerngegenstand und Schüler/in (Primärerfahrung).	☐	☐	☐	☐

Kreuzen Sie Zutreffendes bitte an:	trifft gar nicht zu	trifft eher nicht zu	trifft eher zu	trifft sehr zu
Ich habe angemessen hohe Leistungserwartungen an meine Schüler/innen.	☐	☐	☐	☐
Können Sie aus der Beantwortung des Fragebogens einen allgemeinen Schluss ziehen? Gibt es in der Anlage Ihres Unterrichts noch didaktischen Spielraum zur Steigerung der Schüleraktivierung?				

Tab. 4: Fragebogen zur Selbstevaluation (Broom, 2012)

Meines Erachtens ist dieser Fragebogen geeignet, nach entsprechenden Umformulierungen als Ausgangspunkt für eine Selbstevaluation der Lehrkraft vor der Lerngruppe zu dienen. Einige Aspekte werden sicher ein Feedback der Lernenden für die Lehrerin oder den Lehrer provozieren. Auch dieses Gespräch sollte auf Deutsch erfolgen, damit die Schülerinnen und Schüler eher in der Lage sind, ihre Eindrücke zu verbalisieren.

Feedback der Lernenden am Ende einer Lerneinheit

Am Ende einer Unterrichtsstunde kann die Lehrkraft einzelne Lernende fragen, was sie gelernt haben:

FORMULIERUNGEN

- What have you learned today?
- Qu'as-tu appris aujourd'hui?

Hattie und Clarke machen dazu folgende Vorschläge, die ich mit leichten Veränderungen wiedergebe, um die Anwendung im Fremdsprachenunterricht zu ermöglichen:

1. What were the main ... concepts and ideas that you learned today or that we discussed in class today?
2. What questions do you still have about ...? If you don't have a question, write a similar problem and solve it instead.
3. Describe a mistake or misconception that you or a classmate had in class today. What did you learn from this mistake or misconception?
4. How did you or your group approach today's problem or problem set? Was your approach successful? What did you learn from your approach?
5. Describe in detail how someone else in class approached a problem. How is their approach similar or different to the way you approached the problem?
6. What new vocabulary words or terms were introduced today? What do you believe each new word means? Give an example/picture of each word.

7. What was the (big) debate about in class today? What did you learn from the debate?
8. How is ... similar or different to ...?
9. What would happen if you changed ...?
10. What were some of your strengths and weaknesses in this unit?
11. What is your plan to improve in your areas or weakness?

(in Anlehnung an Hattie/Clarke 2018, S. 134 f.)

FORMULIERUNGEN

Fragen und Hinweise für den Französischunterricht mit Fortgeschrittenen:

1. Quelle est la chose la plus importante que vous ayez apprise aujourd'hui?
2. Écrivez en 3–5 lignes les éléments les plus importants que vous avez retenus du cours.
3. Dessinez une carte mentale de la leçon d'aujourd'hui.
4. Quelle question reste ouverte?
5. Formulez en une phrase quels changements je pourrais, en tant que professeur, apporter au cours.
6. Le cours aujourd'hui a-t-il été clair?
7. Donnez une ou deux suggestions spécifiques.
8. Quels sont les deux ou trois aspects les plus importants que vous aimeriez s'améliorer?

Eine solch detaillierte Befragung sollte nur gelegentlich erfolgen, beispielsweise wenn die Lehrperson den Eindruck hat, dass einige Schülerinnen und Schüler dem Unterricht nicht folgen konnten. Andernfalls nehmen die Lernenden Fragen dieser Art nicht mehr ernst oder sie legen sich Antworten zurecht.

Anders verhält es sich mit derartigen Fragen am Ende einer Unterrichtseinheit oder eines Schul(halb)jahres, weil meist auch die Schülerinnen und Schüler für sich Bilanz ziehen und vermutlich gern eine Rückmeldung zu ihren persönlichen Eindrücken hätten. Dabei können sich Lehrpersonen auf die folgenden Fragenkataloge von Hattie und Clarke stützen. Selbstverständlich sollten die Antworten nicht einfach von der Lehrerin oder dem Lehrer entgegengenommen werden, sondern als Ausgangspunkt für Gespräche mit den Lernenden dienen.

Fragen am Ende einer (kleineren oder größeren) Lerneinheit:

- Has your learning improved so far in year ...? How?
- How has your teacher helped you to learn?
- What could your teacher do differently to help you learn?

(Hattie/Clarke 2018, S. 127 ff.)

Zusätzlich präsentieren Hattie und Clarke einen Vorschlag von I. Wallace und L. Kirkman (2017), der weitere Schritte auf dem Weg zum formativen Feedback von Lernenden für die Lehrperson aufzeigt.

Feedback on a topic:
- What part of the topic did you find most interesting? Why?
- Which part did you find least interesting? How could I make it more interesting for another class?
- What aspects of the topic do you remember best? Why do you think that is?
- Which activities or tasks helped you to learn best?
- Which parts of the topic did you struggle to understand?
- Was there an aspect of the topic you wish we'd more time to explore?
- If you were going to teach this topic to someone else, how would you do it?

(Hattie/Clarke 2018, S. 132)

FORMULIERUNGEN
Fragen am Ende einer (kleineren oder größeren) Lerneinheit:
- Votre apprentissage s'est-il amélioré depuis le début de l'année ...? Comment ?
- Comment votre professeur vous a-t-il aidé à apprendre?
- Qu'est-ce que votre enseignant pourrait faire différemment pour vous aider à apprendre mieux?

(Hattie/Clarke 2018, S. 127 ff.; Übersetzung DF-H)

Feedback sur un sujet
- Quelle partie du sujet vous a semblé la plus intéressante? Pourquoi?
- Quelle partie avez-vous trouvée la moins intéressante? Comment pourrais-je rendre le sujet plus intéressant pour une autre classe?
- Quels sont les aspects du sujet dont vous vous souvenez le mieux? Pourquoi, à votre avis?
- Quelles activités ou tâches vous ont le mieux aidé à apprendre?
- Quelles parties du sujet avez-vous eu du mal à comprendre?
- Y a-t-il un aspect du sujet auquel vous auriez aimé consacrer davantage de temps?
- Si vous deviez enseigner ce sujet à quelqu'un d'autre, comment feriez-vous?

(Hattie/Clarke 2018, S. 132; Übersetzung DF-H)

Die folgende Befragung – der Vorschlag stammt von Wiliam und Leahy (2015, S. 102) – kann vielfältig genutzt werden: als Rückmeldung an die Lehrkraft mit Namen oder anonym, aber auch im Rahmen des Peer-Feedbacks (vgl. Kap. 5) oder der Selbstevaluation (vgl. Kap. 7).

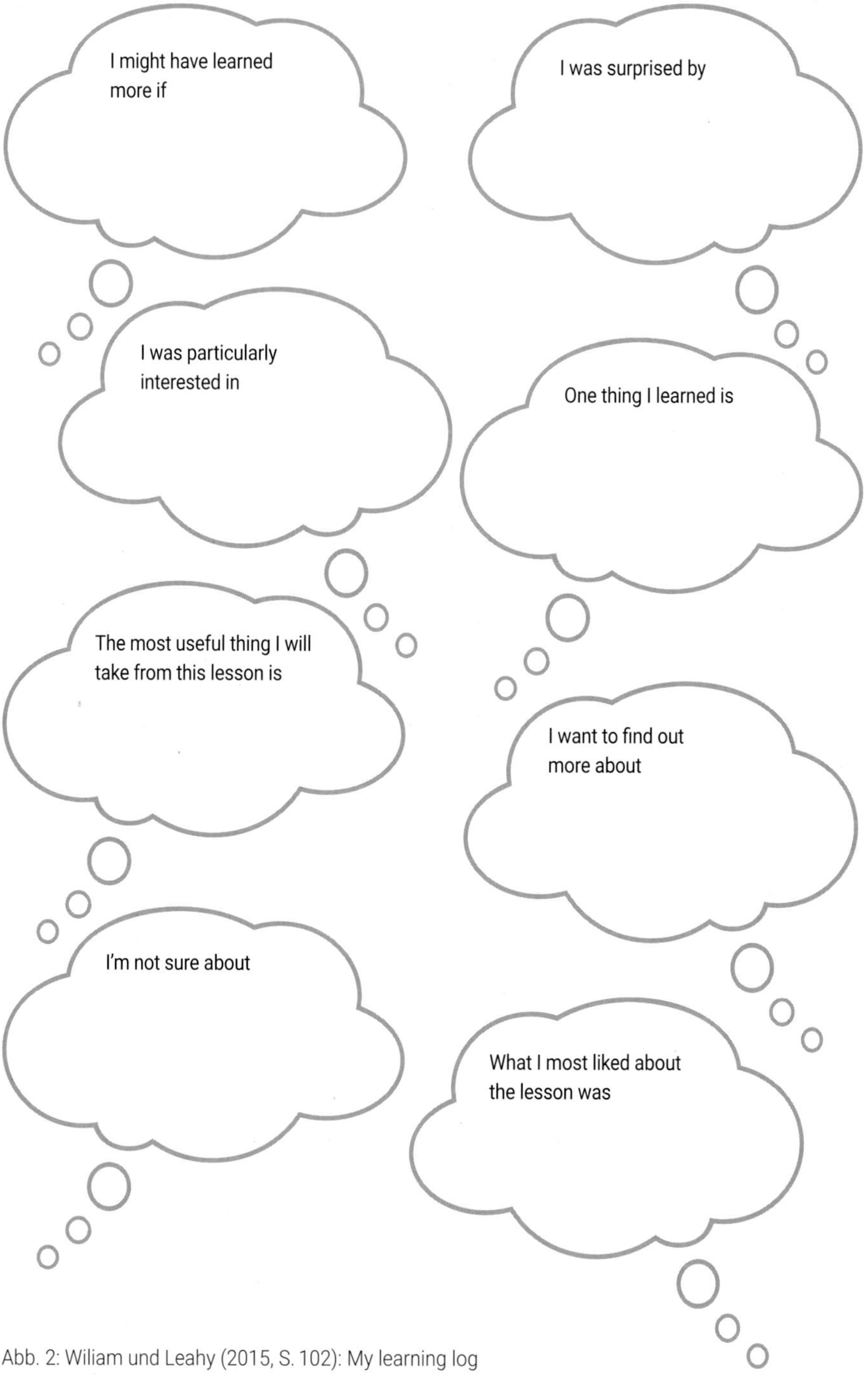

Abb. 2: Wiliam und Leahy (2015, S. 102): My learning log

5 Peer-Feedback will gelernt sein

Am Ende von Abschnitt 2.1 ist davon die Rede, dass die Lernenden die verschiedenen Formen der Rückmeldung, also auch das Peer-Feedback, nicht ohne entsprechende Einführungen und angeleitetes Üben lernwirksam einsetzen können. Peer-Feedback gilt als besonders förderlich und erfolgreich, aber wie bei allen Unterrichtsverfahren bedarf es auch hier einer differenzierten Sicht.

5.1 Was wissen wir über Peer-Feedback?

Im ersten Jahrzehnt des neuen Millenniums hat Graham A. Nuthall umfangreiche wissenschaftliche Untersuchungen zu schulischen Lernprozessen, vor allem zu Kleingruppenarbeit und anderen kooperativen Lernarrangements, durchgeführt. In einem Blog-Post von 2020 stellt Tom Sherrington Nuthalls sein Hauptwerk *The Hidden Lives of Learners* vor (https://teacherhead.com/2020/02/15/re-reading-nuthalls-hidden-lives-of-learners-insights-from-a-classic/; last access Sept. 2022). Wie zahlreiche andere Rezensenten lobt er Nuthalls Weitsicht und Sorgfalt. Die wissenschaftlichen Studien des neuseeländischen Forschers, der hauptsächlich im UK tätig war, umfassen Aufzeichnungen von Dialogen der Lernenden, Vor- und Nachtests sowie intensive Phasen der Beobachtung.

Das verborgene Leben der Lernenden besteht hauptsächlich aus drei verschiedenen Welten:

- der offiziellen Welt der Lehrkraft *(the official world of the teacher),*
- der einflussreichen Welt der Peers *(the influential world of peers)* und
- der privaten Welt der Schülerinnen und Schüler *(the private world of the students),* die vor allem von ihren Erfahrungen geprägt ist.

Als eines der wichtigsten Ergebnisse seiner Forschungen stellt Nuthall heraus, dass Peer-Feedback etwa 80 % der Rückmeldungen in Klassenzimmern ausmacht. Dabei unterstreicht er, dass die meisten dieser Rückmeldungen jedoch falsch sind. Sie beruhen auf Irrtümern hinsichtlich der Aufgabe oder anderer Inhaltsaspekte (vgl. De Florio-Hansen 2016, S. 209). Wenn das der Fall ist, warum wird Peer-Feedback dann als lernförderlich bezeichnet? Wenn die Lernenden hinreichend darin geübt werden, wie man den Gruppenmitgliedern oder anderen Klassenkameraden Feedback gibt und wenn sie sich weniger auf die Aufgaben und anderen Inhalte, sondern vielmehr auf die Lernprozesse und die Selbstregulation beziehen, können ihre Rückmeldungen erfolgreicher sein als die von Lehrpersonen. Dafür sprechen mindestens drei Gründe:

Gründe für die Lernwirksamkeit von Peer-Feedback

1. Schülerinnen und Schüler benutzen untereinander Kommunikationsformen, die für ihre Klassenkameradinnen und -kameraden verständlicher sind als Lehrersprache.
2. Häufig haben sie die gleichen oder ähnliche Schwierigkeiten bei der Lösung einer Aufgabe wie andere Gruppenmitglieder.
3. Sie können leichter herausfinden, wann und wo ein Gruppenmitglied mit Schwierigkeiten zu kämpfen hat.

Ganz davon abgesehen sind Lernende meist nur mit ihren Gruppenmitgliedern konfrontiert, während die Lehrkraft mit den Schülerinnen und Schülern einer ganzen Klasse beschäftigt ist. Wie bereits betont, müssen die Lernenden in das Peer-Feedback eingeführt werden, und sie müssen zum Einüben ausreichend Gelegenheit haben, wenn es möglichst erfolgreich sein soll. Vor allem müssen die Schülerinnen und Schüler das passende verbale Verhalten lernen und internalisieren. Statt zu fragen „Konntest du nicht achtgeben?“ müssen sie das rückversichernde Fragen lernen: „Was hast du gemacht, als ...?“ An dieser Stelle bieten sich die am Ende von 4.1.2 aufgelisteten Fragen zu den Lernprozessen und der Selbstregulation an. Wenn die Lernenden in der Lage sind, ihren Peers angemessene Rückmeldungen zu geben, hat dies nicht nur einen positiven Einfluss auf das Lernen ihrer Gesprächspartnerinnen und -partner, sondern auch auf ihre eigenen Lernergebnisse. In vielen Fällen kann Peer-Feedback der Strategie Lernen durch Lehren zugeordnet werden. Nichtsdestoweniger ist in vielen Fällen eine entsprechende Unterstützung durch die Lehrkraft angezeigt.

5.2 Hatties Modell im Zusammenhang mit Peer-Feedback

Mark Gan hat das von Hattie und Timperley erarbeitete Feedback-Modell auf die Zusammenarbeit von Peers übertragen. In einer experimentellen Studie hat der Doktorand von Hattie die drei Gruppen von Fragen (zur Aufgabe, den Lernprozessen und der Selbstregulation) umformuliert, so dass sie mit entsprechenden Veränderungen im Unterricht eingesetzt werden können.

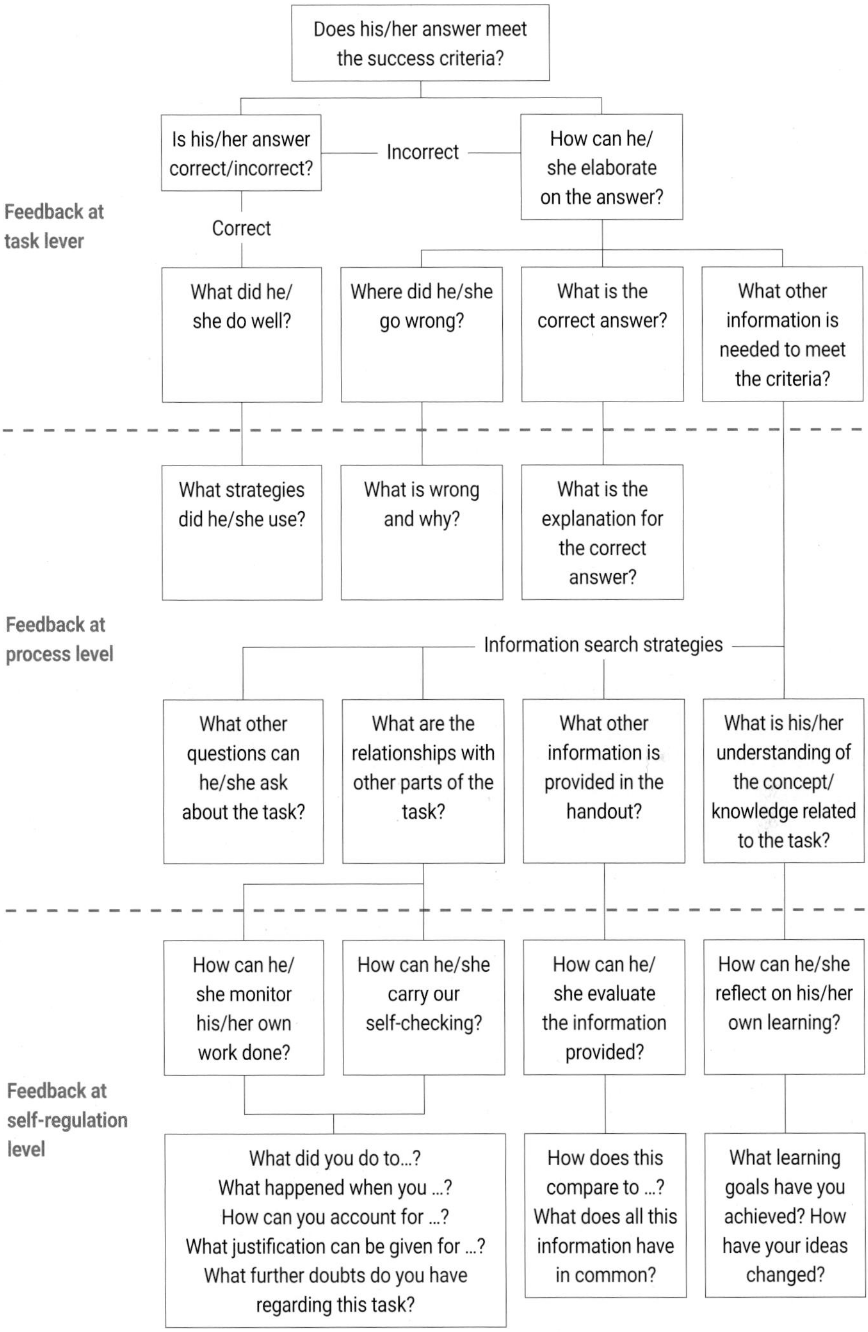

Abb. 3: A rubric helps students to decide on appropriate feedback to peers (Hattie 2012, S. 133)

Die (an Marc Gan orientierten) Fragen sollten sich, zumindest in Auswahl, zunächst die Feedback-Geber stellen, bevor sie entsprechende Rückmeldungen formulieren.

FORMULIERUNGEN

Fragen zur Aufgabe

- Sa réponse est-elle convenable au regard des critères de succès?
- Est-ce que sa réponse est correcte/incorrecte ?
- Comment peut-il/elle approfondir sa réponse?
- Qu'est-ce qu'il/elle a fait de bien?
- A quel endroit s'est-il trompé/s'est-elle trompée?
- Quelle est la bonne réponse?
- Quelles autres informations sont nécessaires pour répondre aux critères?

Fragen zu den Lernprozessen

- Quelles stratégies a-t-il/elle utilisées?
- Qu'est-ce qui est faux et pourquoi?
- Quelle est l'explication de la bonne réponse?
- Quelles autres questions peut-il/elle poser sur la tâche?
- Quelles sont les relations avec les autres parties de la tâche?
- Quelles autres informations sont fournies dans la fiche de travail?
- Quelle est sa compréhension des concepts/connaissances liés à la tâche ?

Fragen zur Selbstregulation

- Comment peut-il/elle contrôler son propre travail?
- Comment peut-il/elle effectuer un autocontrôle?
- Comment peut-il/elle évaluer les informations fournies ?
- Comment peut-il/elle évaluer si sa méthode d'apprentissage est efficace?
- Qu'avez-vous fait pour ...?
- Que s'est-il passé quand vous ...?
- Comment pouvez-vous rendre compte de ...?
- Quelle justification peut-on donner pour ...?
- Quels autres doutes avez-vous concernant cette tâche?
- Dans quelle mesure cela peut-il être comparé à?
- Quel est le point commun entre toutes ces informations?
- Quels sont les objectifs d'apprentissage que vous avez atteints?
- Comment vos idées ont-elles changées ?

Generell sollte man nicht davon ausgehen, dass Feedback unter Peers in der jeweiligen Fremdsprache erfolgt. Selbst wenn sich eine Schülerin oder ein Schüler im Unterricht mit Fortgeschrittenen entsprechende fremdsprachige Fragen und Hinweise zurechtlegt, ist es fraglich, ob sie bei der Gesprächspartnerin oder dem -partner so ankommen, wie sie gemeint sind.

Im Folgenden werden zwei Strategien vorgestellt, die auch in zahlreichen anderen Unterrichtszusammenhängen von Nutzen sind, die sich aber für das Peerfeedback anbieten, weil sie klar strukturiert sind. Die beiden Beispiele können Anlässe schaffen, die wechselseitige Rückmeldungen der Lernenden nahelegen.

5.3 Jigsaw (Gruppenpuzzle)

Da diese Unterrichtsstrategie eine festgefügte Struktur aufweist, fällt es den Lernenden leichter, ihr Peer-Feedback an einzelnen Punkten festzumachen. Zum Ablauf der Jigsaw Strategie: Die Lerngruppe wird bei einer bestimmten Aufgabe in Kleingruppen à vier Schülerinnen und Schüler aufgeteilt. Jede Kleingruppe bearbeitet das gleiche Gesamtthema, aber die Lernenden teilen die Arbeit in den Gruppen untereinander auf. Das sollten sie möglichst selbstständig tun. Nun erarbeitet jedes der vier Gruppenmitglieder einen der vier Teilaspekte (a–d). Dann treffen sich gruppenübergreifend die Schülerinnen und Schüler, die Aspekt a bearbeitet haben und tauschen sich untereinander aus. Diejenigen, die sich mit b befasst haben, treffen die Mitglieder aus den anderen Gruppen, die sich ebenfalls mit b beschäftigt haben, c mit c und d mit d. Schließlich kehren die Lernenden in ihre Stammgruppen zurück und berichten über die Ergebnisse. Am Ende fügt jede Gruppe die Teilbereiche a bis d zum Gesamtthema zusammen und stellt die Gruppenergebnisse im Plenum vor. Das Gruppenpuzzle hat auch deshalb eine so große Wirkung, weil jeder Lernende für das Ergebnis seiner Gruppe mitverantwortlich ist.

Ein Beispiel: Das Thema der Gruppenarbeit – man kann sie mit Recht als kooperativ bezeichnen – ist ein 9-minütiger TED Talk *(Technology, Entertainment, Design)* mit Sabine Doebel *How your brain's executive function works and how to improve it* aus dem Jahr 2018. Darin geht es darum, dass die exekutive Funktion unseres Gehirns, die für die Ausführung von Handlungen zuständig ist, unter gewissen Umständen anders funktioniert als erwartet (https://www.ted.com/talks/sabine_doebel_how_your_brain_s_executive_function_works_and_how_to_improve_it; last access Sept. 2022).

Jede Kleingruppe hat die Aufgabe, das gesamte Video (eventuell zweimal) anzusehen und anschließend vier Abschnitte (a: 00.00–02:43; b: 02:44–04:05; c: 04:07–06:624; d: 06:25 bis Ende) an einzelne Gruppenmitglieder (a–d) zu verteilen. Zu jedem Teilaspekt hält das jeweilige Arbeitsblatt 4 bis 5 Leitfragen bereit. Bereits die Aufteilung, wer welchen Aspekt bearbeiten wird, gibt Gelegenheit zum Peer-Feedback: Warum will oder soll Schüler X den Anfang übernehmen, während Schülerin Y für den letzten Teil vorgesehen ist?

Rückmeldungen ergeben sich in weitaus größerem Umfang, wenn die einzelnen Schülerinnen und Schüler in ihre Stammgruppen zurückkehren und die Ergebnisse aus den anderen Gruppen vorstellen: Was meint X mit ...? Wie erklärt er/sie ...? Hat Y eine bestimmte Ausführung der Referentin tatsächlich richtig verstanden? Hätte Z die anderen Mitglieder, die den gleichen Teilaspekt wie er/sie bearbeitet haben, nicht genauer befragen können?

Auch die abschließende Präsentation im Plenum bietet sich für Peer-Feedback an. Nach den Reaktionen im Plenum könnte jede Kleingruppe für sich ein Fazit ziehen: Was hätten wir besser machen können? War es richtig, die Präsentation einem Mitglied der Gruppe zu überlassen oder hätten sich mindestens zwei oder vielleicht sogar alle einbringen sollen? Gab es genügend Verständnishilfen (Audio, Video etc.)?

Möglicherweise fragen Sie jetzt: Aber sind das denn nicht alles Fragen, welche die Lehrkraft ohnehin mit den Schülerinnen und Schülern bespricht? Das ist absolut richtig. Sie richtet sich aber nur selten an einzelne Lernende im Sinne eines Feedbacks, wie es Peers während der Kleingruppenarbeit möglich ist. Zwischen der Lehrperson und individuellen Lernenden entspinnt sich meist auch kein Dialog wie beim Peerfeedback. Außerdem fasst die Lehrkraft die Ergebnisse vermutlich in der Fremdsprache zusammen, sodass einzelne Schülerinnen und Schüler sich nicht persönlich angesprochen fühlen (je ein ausgearbeitetes Unterrichtsbeispiel Englisch: TED Talk und Französisch: L'illettrisme et l'analphabétisme vgl. De Florio-Hansen 2022).

5.4 SOLO-Taxonomie

Diese Taxonomie kann im Fremdsprachenunterricht vielfältig genutzt werden, z. B. auch im Zusammenhang mit summativem Feedback (vgl. Teil III, Kap. 8 u. 9). In Form eines ausgearbeiteten Beispiels *(worked example)* ist sie ein möglicher Ausgangspunkt für Peer-Feedback.

Die SOLO-Taxonomie *(Structure of the Observed Learning Outcome)* stammt von John B. Biggs und Kevin E. Collins, die sie Anfang der 1980er Jahre für die berufliche Bildung entwickelt haben. Der Vorzug dieser Taxonomie besteht darin, dass die beiden Autoren von Anfang an bemüht waren, eine auf Evidenz gestützte Übersicht der Lernfortschritte und der Lernqualität zu erstellen. Dabei bezogen sie sich auf Aufgaben und Aktivitäten, die tieferes bzw. kritisches Denken erfordern, um unterscheidbare Niveaus der Lernqualität zu ermitteln. Sie stützten sich nicht, wie die meisten Wissenschaftler, auf Beobachtungen und Befragungen, sondern analysierten und untersuchten eine große Zahl von Schüler-Arbeiten. Durch entsprechende Analysen fanden sie heraus, dass die ‚Struktur' von schriftlichen Ausarbeitungen entscheidend für die Qualität des Lernens ist. Sie untergliederten ihre Ergebnisse in fünf Niveaus, die vom oberflächlichen Denken zum tieferen Lernen führen. Die beiden Forscher beziehen sich dabei, wie bereits angedeutet, auf die Lernprodukte in Form von Schülerarbeiten und nicht auf die allgemeine Denkstruktur der Lernenden (vgl. auch zum Folgenden De Florio-Hansen 2014: 47 f.).

Die Schülerinnen und Schüler sollen in Kleingruppenarbeit ein Unterrichtsbeispiel nachvollziehen, bei dem es um das Tragen von Schuluniformen geht. Die konkrete Aufgabe sieht vor, dass sie sich in Partnerarbeit (gegebenenfalls auch in Vierergruppen) über die vorgetragenen Meinungen zum Tragen von Schuluniformen austauschen. Diese Stellungnahmen geben ihnen Gelegenheit, sich wechselseitig zu befragen und ihre Anschauungen gegebenenfalls zu revidieren. Der Austausch ist dabei nicht auf den inhaltlichen Aspekt beschränkt, sondern kann auch eine Stellungnahme zur SOLO-Taxonomie selbst beinhalten.

Die Niveaus der SOLO-Taxonomie

1. Prästruktural *(prestructural):* Eine Schülerin beschreibt, wann und wo sie zum ersten Mal mit Schuluniformen konfrontiert war, nämlich bei einer befreundeten Familie aus der französischen Schweiz. Auf einigen Fotos waren deren Kinder in einer Schuluniform zu sehen. Ein Schüler hingegen analysiert in Einzelheiten Illustrationen und Beschreibungen von Schuluniformen, die er im Internet gefunden hat. Beide haben den Sinn der Aufgabe nicht verstanden.
2. Unistruktural *(unistructural):* Einige Lernende beschreiben einen einzigen Aspekt, der ihnen zum Tragen von Schuluniformen einfällt. Sie reichern den angeführten Aspekt mit ausgewählten Argumenten für oder gegen Uniformen an, z. B. das Fehlen von Individualität, die durch die Kleidung zum Ausdruck gebracht wird.
3. Multistruktural *(multistructural):* Relativ viele Schülerinnen und Schüler beschreiben mehr als einen Aspekt, aber ohne sie zueinander in Beziehung zu setzen.
4. Relational *(relational):* Diesen Begriff verwenden Biggs und Collins für schriftliche Ausarbeitungen von Lernenden, die einzelne Aspekte aufeinander beziehen und vergleichen. Die Schülerinnen und Schüle nennen einzelne Punkte, z. B. Gruppendruck, Profitstreben einiger Designer, mit anderen geteilte Identität sowie Stolz, eine renommierte Schule zu besuchen. Sie wägen diese Argumente auch gegeneinander ab, gehen aber über die gestellte Aufgabe nicht hinaus.
5. Erweitertes Abstraktum *(extended abstractum):* Die Lernenden dieses Niveaus können in gewisser Hinsicht als Experten gelten. Zunächst diskutieren sie das Für und Wider und gewichten es wie bei Niveau 4. Sie gehen aber darüber hinaus, indem sie beispielsweise die Konsequenzen erörtern, die das Tragen von Schuluniformen in Deutschland haben könnte.

Im Anschluss an Gespräche unter Peers zur SOLO-Taxonomie können die Lernenden unabhängig voneinander anhand eines selbst gewählten oder von der Lehrperson vorgegebenen Themas eine kurze Stellungnahme schreiben, bei der sie sich bemühen, den Niveaus der SOLO-Taxonomie zu folgen. Anschließend bietet sich das gegenseitige Redigieren an. Dazu hat Susan Brookhart folgende Grundregeln aufgestellt, die den Schülerinnen und Schülern schon vor der Abfassung ihrer Stellungnahme oder unmittelbar nach Fertigstellung, also vor der Aussprache mit einem Peer, bekannt gemacht werden sollten:

- *Lies die Arbeit deines Klassenkameraden sorgfältig.*
- *Vergleiche die Arbeit mit dem Kriterienraster [in diesem Fall den Stufen der SOLO-Taxonomie]*
- *Sprich über die Arbeit, nicht über die Person.*
- *Urteile nicht (sag z. B. nicht: „Das ist schlecht"); beschreibe vielmehr, was du an der Arbeit gut findest, was fehlt und was noch besser gemacht werden könnte.*
- *Mach konkrete Vorschläge.*
- *Sag, was du denkest, und dann frag, was der Verfasser der Arbeit denkt.*

(Brookhart 2010, S. 70)

6 Self-Assessment: Verantwortung für das eigene Handeln übernehmen

6.1 Self-Assessment beim Lehren und Lernen von Fremdsprachen

Selbstevaluationen oder auch Selbsttests spielen bei der Studien- und Berufswahl eine wichtige Rolle. Sie sollen den Betroffenen helfen, die für sie geeignete Studienrichtung und/oder den passenden Beruf zu finden. Dazu müssen die Jugendlichen zunächst einmal möglichst viel über sich selbst herausfinden, bevor sie die Angebote der Hochschulen und diejenigen potentieller Arbeitgeber prüfen können. Was diese Selbstevaluationen vom Self-Assessment beim Lehren und Lernen grundlegend unterscheidet, ist die Tatsache, dass das Ergebnis bei diesen Selbsttests völlig offen ist, denn es gibt kein richtig oder falsch. „It is a way to learn about yourself by gathering data that includes information about your work-related values, interests, personality type, and aptitudes“ (Rosenberg McKay 2019).

Im Zusammenhang mit dem Lehren und Lernen von Fremdsprachen werden anstelle von Self-Assessment auch zahlreiche andere Begriffe wie ‚interne Evaluation‘, ‚Selbstevaluation‘, ‚Selbsteinschätzung‘, ‚Selbstbeurteilung‘ und ‚Selbstkontrolle‘ gebraucht, ohne dass sie klar gegeneinander abgegrenzt werden.

Self-Assessment beim Lehren und Lernen von Fremdsprachen
Unabhängig von der Wahl des Begriffs beruht die Überprüfung der eigenen fremdsprachlichen Kompetenz immer auf vorher festgelegten Kriterien und Ergebnissen. Diese können in zwei verschiedene Richtungen weisen: Es kann sich um die eigenverantwortliche Überprüfung der Lernergebnisse mit Blick auf selbst gesetzte Ziele und die zu ihrer Erreichung eingeschlagenen Wege handeln, oder aber die Selbstevaluation wird im Zusammenhang mit von außen vorgegebenen Lernzielen gesehen. Dann sind die Lernenden gehalten, ihren Lernweg so zu organisieren, dass sie die vorgegebenen Ziele erreichen können (Kleppin 2005, S. 1).

Im ersten Fall gilt das Self-Assessment als formativ, im zweiten Fall wird es als summativ verstanden.

Die Gegenüberstellung von selbst gesetzten Ergebnissen einerseits und von extern vorgegebenen Zielen andererseits hilft bei der Begriffsklärung nur eingeschränkt weiter. Es bietet sich an, den Gebrauch der Termini anhand des Gemeinsamen europäischen Referenzrahmens für Sprachen (GeR) zu überprüfen, da das Dokument oder besser die Dokumente des Europarats häufig als Bezugsrahmen für das Self-Assessment dienen. Im GeR selbst werden die Begriffe Selbsteinschätzung und Selbstbeurteilung verwendet. In den DIALANG-Skalen ist von Items zur Selbsteinschätzung die Rede (Europarat 2001, S. 218–231), während in den einzelnen Kapiteln des GeR der Terminus Selbstbeurteilung gebraucht wird. Der Begriff Selbstevaluation hingegen überwiegt in den verschiedenen Fassungen des Europäischen Sprachenportfolios (ESP), das beim Self-Assessment ebenfalls von Bedeutung ist. Dennoch plädiere ich für den in der Wissenschaft üblichen Terminus Self-Assessment, denn er liegt der englischen Fassung des *Common European Framework of Reference for Languages: Learning, Teaching, Assessment* sowie den weiteren Publikationen des Europarats einschließlich der verschiedenen Fassungen des Europäischen Portfolios der Sprachen zugrunde. Bereits in Kapitel 1 habe ich den Gebrauch des engeren Begriffs Assessment gegen Evaluation abgegrenzt, die sich auf Begutachtung und Bewertung im weitesten Sinn bezieht und auch außerhalb des schulischen Lehrens und Lernens in den verschiedensten Zusammenhängen gebraucht wird.

6.2 Self-Assessment von Lehrpersonen

Die überwiegende Mehrzahl der Veröffentlichungen zu Assessment und Feedback, insbesondere beim Lehren und Lernen von Fremdsprachen, geht auf Self-Assessment von Lehrkräften nicht ein. Bisweilen wird es empfohlen, um die Lernenden zu Aussagen hinsichtlich des Vorgehens der Lehrerin oder des Lehrers zu veranlassen. In diesem Sinne wird in Kapitel 4.2 ein Selbstbeurteilungs-Bogen von M. Brohm (2012) vorgestellt, der der Lehrperson ein Self-Assessment vor der Klasse erleichtern kann. Die Aussagen der Lehrerin oder des Lehrers ermöglichen es Schülerinnen und Schülern, ihrer Lehrkraft zu bestimmten Aspekten des Unterrichts ein Feedback zu geben.

Der häufigste Vorschlag zum Self-Assessment von Lehrpersonen bezieht sich – ähnlich wie bei Schülerinnen und Schülern – darauf, etwas selbst zu überprüfen, was man mehr oder weniger neu gelernt hat. So werden in Kapitel 3.1 an Wiliam und Leahy (2015) orientierte Vorschläge zur Gestaltung von

Lehrerfragen gemacht („No hands up ..."). Nach angemessener Zeit kann die Lehrerin oder der Lehrer mithilfe eines von Wiliam und seiner Co-Autorin erarbeiteten Self-Assessment-Bogens überprüfen, ob und wie sie oder er die Vorschläge zum Frageverhalten im Unterricht umgesetzt hat.

Der folgende Vorschlag zum Self-Assessment bezieht sich auf die Anfangsphase einer neuen Unterrichtseinheit. Im Hinblick auf die Aufgabe werden Lernziele, Erfolgskriterien, ausgearbeitete Beispiele und Kriterienraster für die Lernenden thematisiert. Von Zeit zu Zeit erkundigt sich die Lehrkraft bei den Schülerinnen und Schülern am Ende einer Unterrichtsstunde danach, was sie gelernt haben. Mithilfe der folgenden Übersicht kann die Lehrkraft sich einen Eindruck vom Erfolg ihrer Bemühungen verschaffen (Wiliam/Leahy 2015, S. 205).

	I don't do this	I do this sometimes	This is embedded in my practice	I could support someone else
I use student self-reports but am careful to check on the accuracy of the reporting.				
Student self-assessment is a routine part of my work.				
Students have learning portfolios that focus on their progress.				
I give students challenging tasks that are achievable with effort, and make it clear that failure is not only acceptable but also expected (otherwise the work is too easy).				
I use a framework to help my students see connections.				

I use both intrinsic and extrinsic orientations to motivate my students.				
I use trained students to observe some of my lessons.				
I use trained students to videotape parts of my lessons.				
Other techniques for this strategy that I use to improve student learning:				

Tab. 5: Wiliam/Leahy: Checklist for strategy 5: Activating students as owner of their own learning

Die folgende, ebenfalls von Wiliam und Leahy (2015, S. 209) gestaltete Übersicht bezieht sich auf den Aspekt des Unterrichts, um den es in den folgenden Abschnitten von Kapitel 6 geht, nämlich Verfahren des Self-Assessments der Lernenden. Dadurch, dass Schülerinnen und Schüler selbst herausfinden, ob und welche Fortschritte sie machen, übernehmen sie nach und nach immer mehr Verantwortung für das eigene Lernen. Selbstständiges Lernen bildet sich heraus, wenn die individuellen Lernenden mehr und mehr Einblicke in ihre Stärken und Schwächen gewinnen. Mit Unterstützung der Lehrkraft können sie dann daran arbeiten, Engpässe zu überwinden, um die von ihnen selbst oder von außen gesetzten Ziele zu erreichen. Um die Lernenden dabei angemessen zu unterstützen, muss die Lehrerin oder der Lehrer sich Rechenschaft über das eigene Vorgehen ablegen.

	I don't do this	I do this sometimes	This is embedded in my practice	I could support someone else
I know what the learning intention of the lesson is, although sometimes I do not tell the students at the start of the lesson.				
I keep the learning intention and success criteria for a lesson context free.				
I communicate quality by using at least two pieces of anonymous work.				
At the end of a lesson I sometimes ask my students what they have learned.				
I use rubrics to discuss quality with my students.				
Other techniques for the strategy that I use to improve student learning				

Tab. 6: Wiliam/Leahy: Reflection checklist for strategy 1: Clarifying, sharing, and understanding learning in intentions and success criteria

Die folgende umfassende Vorlage für ein Self-Assessment der Lehrperson in französischer Sprache stammt von Jean-Michel Ducrot (http://insuf-fle.hautetfort.com/media/01/01/987510940.pdf; dernier accès Sept. 2022; vgl. Blog von Jean-Michel Ducrot https://www.aplv-languesmodernes.org/spip.php?article2793). Es stellen sich vorab zwei grundlegende Fragen:

- Ist es sinnvoll, ein solches Self-Assessment auf Französisch durchzuführen, oder stellt sich eine deutsche Französischlehrerin oder ein deutscher Französischlehrer die einzelnen Items nicht besser auf Deutsch?
- Ist es nicht am besten, wenn die Lehrperson stets nur einen oder zwei Abschnitte der Übersicht bearbeitet, mit denen sie im Unterricht gerade befasst ist?

Critères d'valuation et compétences	1	2	3	4
Utilisation du non verbal, sollicitation de l'attention de l'apprenant, déplacement dans la classe				
• utilise un ton agréable et enthousiaste				
• utilise le non vert>al et le langage corporel (gestes, mimes ...)				
• cherche à maintenir le contact du regard avec les apprenants				
• se déplace dans toute la classe				
• sait solliciter l'attention de l'apprenant				
Clarté				
• illustre par des exemples pour clarifier l'idée et aider l'apprenant				
• définit les termes complexes, répond aux questions de vocabulaire				
• répète les éléments mal compris et les explique clairement • utilise un langage clair, facile à comprendre				
• sait se faire entendre au fond de la classe				
• écrit clairement au tableau				
• explique clairement les consignes				
Interaction				
• encourage les élèves en les interrogeant personnellement				
• stimule tous les élèves (même les plus faibles ...)				
• requiert une écoute active lors des activités orales				

• suscite l'interaction entre les élèves				
• évite les critiques négatives				
Organisation				
• met en évidence l'objectif de la séquence de cours				
• adapte bien son cours en fonction des objectifs de la séquence				
• utilise le tableau				
• organise les éléments au tableau				
• prépare chaque séquence en l'introduisant				
• fait un résumé de ce qui a été appris en fin de séquencé				
• alterne entre travail collectif, en tandem et individuel				
Utilisation du temps de la séquence				
• fait uniquement des digressions adéquates				
• gère bien le temps imparti à la séquence				
• alterne bien les compétences (CO/EO/CE/EE ...)				
• varie les activités à un rythme idoine				

Tab. 7: Ducrot: Grille d'auto-évaluation du professeur en classe de FLE

In die Rubrik *Commentaires* könnte die Lehrkraft Notizen zu möglichen Verbesserungen aufnehmen (*Difficultés rencontrées et pistes d'amélioration pour y remédier*).

6.3 Self-Assessment von Schülerinnen und Schülern

Mit Blick auf selbstständiges und lebenslanges Lernen spielt Self-Assessment von Schülerinnen und Schülern eine bedeutende Rolle. Zwei malaysische Wissenschaftler nennen folgende Vorteile des Self-Assessments beim Erlernen des Englischen als Zweit- oder Fremdsprache:

Potentials of Self-Assessment in English language learning

- motivating students to learn and reflect on their own English learning;
- promote critical thinking and reflective practices in learning English;
- scaffold knowledge of English learning from different English language skills;
- develop a sense of autonomy in their own learning English;
- foster commitment in learning English among many others

(Jamrus/Razali 2019, S. 64)

Dieser Hauptaussage liegt die sorgfältige Analyse von 23 empirischen Untersuchungen, in der Regel Kontrollgruppenexperimente, zugrunde, welche Jamrus und Razali aus ca. 1400 Studien ausgewählt haben. Diese Studien beziehen sich auf das Erlernen des Englischen sowohl als Erst- sowie als Zweit- oder Fremdsprache. Außerdem fokussieren sie beim Zweit- oder Fremdsprachenlernen in erster Linie auf Studierende und bei dieser Personengruppe vor allem auf die Fertigkeit des Schreibens. Nur in Ausnahmefällen wird das Erlernen des Englischen als Zweit- oder Fremdsprache von Kindern und Jugendlichen im schulischen Fremdsprachenunterricht in den Blick genommen.

Bei allen Ergebnissen unterstreichen Jamrus und Razali sowie auch Karin Kleppin (2005) in ihrem Beitrag in einem Sammelband, dass die Einführung und häufige Übung des Selbst-Assessments über einen längeren Zeitraum unerlässlich sind, bis Schülerinnen und Schüler – wenn überhaupt – in der Lage sind, vom Self-Assessment zu profitieren. Für die Lehrerin oder den Lehrer entsteht ein relativ hoher Arbeitsaufwand, vom Zeitverlust im Unterricht ganz zu schweigen. Es geht darum, geeignete Aufgaben auszuwählen und Raster bzw. Checklisten sowie andere Hilfen zu erstellen. Dem allem geht jedoch die Überlegung voraus, inwieweit die Lernenden überhaupt in der Lage sind, sich selbst zu beurteilen. Kleppin nennt über dreißig Aspekte, welche die Lehrkraft den Schülerinnen und Schülern vorlegen sollte, um herauszufinden, was sie überhaupt einschätzen können. Die wichtigsten (und aus meiner Sicht kritischen) Punkte, die Lernende anhand einer eigenen mündlichen oder schriftlichen Lernleistung beurteilen sollen, sind:

- Mein Wortschatz ist differenziert und adäquat eingesetzt.
- Ich habe viele unterschiedliche Wörter gebraucht.
- Ich habe komplexe Strukturen benutzt.
- Ich habe viele Nebensätze benutzt.
- Ich habe mir Gedanken darüber gemacht, wie ich Sätze gut miteinander verbinden kann.
- Ich habe bemerkt, dass ich bestimmte Fehler gemacht habe.
- Ich habe meine eigene Meinung sagen können.
- Ich habe meinen Mitschülern Fragen gestellt.

(Kleppin, 2005, https://www.coursehero.com/file/66134449/Selbstevaluationdoc/; letzter Zugriff Sept. 2022)

Bereits bei dieser Auswahl zeigt sich, dass es schwierig ist, überhaupt Kriterien festzulegen. Ist es immer angezeigt, ein Wort oder einen Ausdruck durch Synonyme zu ersetzen? Sind viele Nebensätze ein Zeichen von Qualität? Dennoch kann das Self-Assessment von Schülerinnen und Schülern in europäischen Ländern und insbesondere im deutschsprachigen Raum Erfolge zeitigen. Zum einen besteht, anders als beispielsweise in asiatischen Ländern, die Möglichkeit des (persönlichen) Kontakts mit native speakers der jeweiligen Zielsprache. Das gilt nicht nur für Englisch und Französisch. Zum anderen spielt selbstständiges Lernen – oft unter Lernerautonomie subsumiert – in unseren Breiten eine andere Rolle als in Ländern, in denen die Lehrperson von den Schülerinnen und Schülern als „allwissend" angesehen wird oder den Lernenden einfach der Mut fehlt, sich über die Dominanz der Lehrerin oder des Lehrers zeitweise hinwegzusetzen. Die folgenden acht Elemente gilt es zu bedenken, wenn Self-Assessment zu einer Verbesserung des Lernens beitragen soll (in Anlehnung an Andrade 2000):

1. Die Lernenden kennen und akzeptieren den Wert des Self-Assessments.
2. Sie brauchen klare Kriterien, an denen sie sich beim Self-Assessment orientieren können
3. sowie eine spezifische Aufgabe oder Aktivität, auf die sie die Beurteilung ihrer Leistung(en) beziehen.
4. Sie kennen ausgearbeitete Beispiele von Self-Assessment.
5. Sie sind im Unterricht in das Self-Assessment eingeführt worden, und die Lehrperson unterstützt sie bei der Umsetzung.
6. Sie haben zahlreiche Gelegenheiten, sich im Self-Assessment zu üben.
7. Sie brauchen Hinweise, wann Self-Assessment angezeigt ist und
8. Gelegenheiten, die Aufgabe oder Leistung zu überarbeiten und zu verbessern.

6.3.1 Zum Einsatz digitaler Technologien

Im Zusammenhang mit Self-Assessment von Schülerinnen und Schülern wird immer wieder die selbstständige Bearbeitung und Überprüfung von Lernergebnissen mithilfe elektronischer Technologien empfohlen. In der Regel dienen sie zur Überprüfung kognitiver Fertigkeiten und Fähigkeiten.

In der Reihe *digital unterrichten Englisch* werden zahlreiche Apps und sonstige Tools vorgestellt und erklärt, wie man sie für verschiedene Belange einsetzen kann. In der Ausgabe 04/2021 geht es beispielsweise um Audiofeedback, das nach Ansicht des Autors für „personensensible Daten" nicht geeignet ist. Es ist also nur ein erster Schritt, dem weitere Formate für ein Feedback im echten Wortsinn folgen sollten.

Auf alle Fälle ermöglichen es die meisten Tools, dass Lernende die jeweiligen Programme mehrmals durchlaufen können, um sich mit den Inhalten vertraut zu machen und gegebenenfalls die Aufgaben – orts- und zeitunabhängig – mehrmals anzugehen. Besonders häufig kommen bei den Lernplattformen und Apps Multiple-Choice-Tests zum Einsatz. Das *Electronic Assessment* (elektronische Lernstandsermittlung) und das *Electronic Grading* (elektronische Notengebung) können diagnostisch, formativ oder summativ sein. Die genannten Apps und Tools werden jedoch meist in Online-Kursen sowie im Hochschulbereich und nicht im schulischen Unterricht eingesetzt.

Benedikt Wisniewski und Klaus Zierer empfehlen u. a. die App Feedback-Schule. Lehrpersonen sollten sie prüfen, um dann zu entscheiden, ob sie die Einschätzung der beiden Autoren teilen:

> *Die Erhebung von aussagekräftigem und differenziertem Unterrichtsfeedback ist dank digitaler Instrumente auch mit geringem Zeitaufwand möglich. So können schon in kürzester Zeit Einschätzungen von Schülerinnen und Schülern oder Kolleginnen und Kollegen mit der Selbsteinschätzung verglichen und daraus Handlungsschritte abgeleitet werden.*
>
> (Wisniewski/Zierer 2018, S. 143)

Generell können solche Lernplattformen und Apps, so nützlich sie sein mögen, aber Formen der individuellen Rückmeldung, die auf persönlichem Austausch beruhen, nicht ersetzen (vgl. G. Roth 2021, S. 336 ff.). Sie dienen jedoch dazu herauszufinden, in welchen Bereichen die Lernenden noch Verbesserungsbedarf haben, um die Qualität und Genauigkeit ihrer Arbeit zu optimieren/zu steigern.

- Bevor die Lehrperson überhaupt damit beginnt, den Schülerinnen und Schülern die Kriterien des Self-Assessments zu verdeutlichen, muss sie bei den Lernenden ein Bewusstsein für den Wert der Selbsteinschätzung schaffen.
- Danach spielt die Lehrkraft eine nicht zu unterschätzende Rolle bei der Anleitung und Unterstützung des Self-Assessments, um sicherzustellen, dass die Schülerinnen und Schüler die Kriterien verstehen und sich selbst anhand der Vorgaben richtig einschätzen lernen.
- Schließlich sollte die Lehrkraft den Schülerinnen und Schülern viel Raum zum Üben des Self-Assessments geben.
- Dazu gehören auch weitere Gelegenheiten zur Überarbeitung und Verbesserung der zuvor selbst eingeschätzten Bearbeitung der Aufgabe.

6.3.2 Self-Assessment auf der Grundlage des Europäischen Sprachenportfolios

Da der GeR beim Lehren und Lernen von Fremdsprachen in fast allen Ländern der Welt eine herausragende Rolle spielt – es gibt so gut wie kein Lehrwerk für den Fremdsprachenunterricht, das nicht auf den Niveaustufen des GeR basiert –, bietet es sich an, dem Self-Assessment von Schülerinnen und Schülern eine der Fassungen des Europäischen Sprachenportfolios (ESP) zugrunde zu legen. Es wurde Anfang des Millenniums etwa zeitgleich mit dem Referenzrahmen vom Europäischen Fremdsprachenzentrum des Europarats in Graz erstellt und liegt inzwischen in mehr als 100 autorisierten Versionen vor.

> *Der Begriff Sprachenportfolio steht im Kontext der Fremdsprachendidaktik für eine Sammlung von zumeist zertifizierten Selbsteinschätzungsdokumenten, individuellen Sprachenbiographien und selbst angefertigten fremdsprachigen Arbeitsbeispielen, die in regelmäßigen Abständen einen gewissen Sprachstand und damit gleichzeitig den eigenen Lernprozess im Bereich der Fremdsprachen darstellen.*
>
> (Burwitz-Melzer 2016, S. 416)

Diesen Forderungen versuchen die drei Komponenten (der verschiedenen Fassungen) des ESP gerecht zu werden:

> ***Language Biography***
> *diary: personal history of the owner's language learning experience and progress; it includes:*

- *information on linguistic and cultural experiences in and outside the class;*
- *self-assessment checklists.*

European Language Passport

- *provides an overview of the language competences at a given moment, defined in terms of skills and the common reference levels;*
- *it includes a self-evaluation grid, and*
- *records formal qualifications and certification.*

Dossier

A selection of materials to document and illustrate achievements, such as:

- *personal work of the learner (e. g. projects, written work, audio cassettes, videos, computer programs etc.);*
- *certificates. The learners may change the contents as their skills and knowledge develop.*

(De Florio-Hansen 2018, S. 112 f.)

Alles in allem kann man sagen, dass die Anforderungen, die die Nutzung des ESP an Lehrende und Lernende stellt, möglicherweise sogar höher sind als bei den oben kurz skizzierten Formen des Self-Assessments. Der Europarat ist bemüht, diesen Schwierigkeiten durch (teils umfängliche) Anleitungen für den Gebrauch des ESP zu begegnen. Aber auch bei der Nutzung dieser Papiere sind die Anforderungen und der Zeitaufwand sehr hoch, insbesondere um jüngere Lernende mit einem lernförderlichen Gebrauch der einzelnen Teile des ESP vertraut zu machen. Es bedarf einer detaillierten, sukzessiven Einführung und ausgedehnter Übungsphasen mithilfe der Lehrperson, bis selbst ältere Schülerinnen und Schüler in der Lage sind, das ESP oder ein anderes Sprachenportfolio angemessen und vor allem auch gewinnbringend zu nutzen. Auch hier ist die Frage offen, inwieweit die Lernenden überhaupt in der Lage sind, ihre Leistungen sachgerecht einzuschätzen und vom Umgang mit dem ESP zu profitieren. Ob und in welcher Form eine Lehrkraft in Absprache mit den Schülerinnen und Schülern das ESP oder ein anderes derartiges Evaluationsinstrument nutzt, hängt stark vom Lernkontext und den Persönlichkeitsmerkmalen der Beteiligten ab.

Trotz dieser Bedenken und der notwendigen Anstrengung bei der Implementation ist Self-Assessment der Lehrenden und Lernenden ein entscheidender Faktor beim erfolgreichen Lehren und Lernen (vgl. De Florio-Hansen 2018; 2019a; 2022).

Paul Black and Dylan Wiliam insist on self-assessment as a precondition for successful learning as it is

> *essential to learning because students can only achieve a learning goal if they understand that goal and can assess what they need to do to reach it. Thus the criteria for evaluating any learning achievements must be made transparent to students to enable them to have a clear overview both of the aims of their work and of what it means to complete it successfully. Insofar as they do so they begin to develop an overview of that work so that they can manage and control it; in other words, they develop their capacity for meta-cognitive thinking.*
>
> (Black/Wiliam 2009, S. 15)

Auch französischsprachige Websites unterstreichen diese Intentionen des PEL *(Portfolio européen des langues):*

> *Le Portfolio européen des langues (PEL) est conçu pour soutenir le développement de l'autonomie de l'apprenant, de son plurilinguisme et de sa conscience interculturelle. Elaboré et mis au point par le Conseil de l'Europe parallèlement au Cadre européen commun de référence pour les langues (CECR), le PEL permet à ses utilisateurs de consigner leurs acquis en matière d'apprentissage des langues autres que leur langue maternelle, et d'en évaluer les résultats par rapport aux niveaux de compétence du CECR. Ainsi le PEL peut également venir compléter les certificats classiques.*
>
> (https://www.ecml.at/Portals/1/documents/ECML-resources/2011_09_12_ELP-WSU_FR_web.pdf?ver=2018-03-21-094605-550; dernier accès en sept. 2022)

Vor einigen Jahren habe ich folgenden Vorschlag zum Vorgehen im Unterricht veröffentlicht:

> *Am besten erläutert die Lehrkraft im Interaktiven Klassengespräch (gegebenenfalls auf Deutsch) Sinn und Zweck eines Sprachenportfolios. Bei Interesse seitens der Lernenden geht sie kurz auf die beiden folgenden Fragen ein: Was ist das Europäische Sprachenportfolio? Welches sind seine wichtigsten Ziele?*
> *Da das ESP freiwillig geführt werden soll und der Lehrerin oder dem Lehrer nicht zur Einsichtnahme vorgelegt werden muss, wenn die Schülerin oder der Schüler das nicht möchte, hängt es vor allem vom Geschick der Lehrperson ab, in welcher Form sie den Lernenden die drei Teile, nämlich die Sprachenbiographie, das Dossier und schließlich den Sprachenpass, näherbringt.*
> *Anhand ausgewählter Kommunikationsbereiche, z. B. Leseverstehen oder Mediation, üben sich die Lernenden darin, ihre Fertigkeiten und Fähigkeiten einzuschätzen, bevor sie die Eintragungen vornehmen.*

> *Auch Anregungen dazu, was ins Dossier aufgenommen werden kann, erleichtern den Lernenden die Arbeit. Das sind u. a. gelungene Beispiele schriftlicher Ausarbeitungen, Audio- und Video-Aufnahmen, Beschreibungen und Ergebnisse von Projektarbeit, Diplome und Zertifikate, Äußerungen von Kommunikationspartnern zum Kenntnisstand in der jeweiligen Fremdsprache und schließlich Dinge, die man gern aufbewahren möchte, um sie anderen zu zeigen.*
>
> (De Florio-Hansen 2019a, S. 172)

7 Kollegiales Feedback

Auch das Feedback unter Kolleginnen und Kollegen kann hilfreich sein. Es ist aber nicht leicht umzusetzen, wenn es lernwirksam sein soll. Sicher ist es nicht zielführend, wenn Kolleginnen und Kollegen sich vereinzelt im Sinne eines Freundschaftsdienstes im Unterricht besuchen. Rückmeldungen müssen vorbereitet werden, wenn es nicht bei mehr oder weniger unverbindlichen Statements bleiben soll. Bekanntlich spielt Peer-Feedback in der Ausbildung, insbesondere in der Referendarzeit, eine wichtige Rolle. Dann ist jedoch ein größerer Personenkreis in die wechselseitigen Unterrichtsbesuche eingebunden. Vor allem aber werden von vorherein bestimmte Evaluationskriterien festgelegt.

Mit dieser Einleitung soll die Effektivität von kollegialem Feedback nicht negiert werden. Derartige Maßnahmen bieten sich beispielsweise an, wenn an einer Schule in einem oder mehreren Fächern grundlegende Veränderungen auf den Weg gebracht werden sollen. Mit anderen Worten: Die Richtung, von der auch die Ergebnisse des Feedbacks abhängen, muss mit den einzelnen Kolleginnen und Kollegen hinreichend abgesprochen sein; die Fachschaft sollte mehr oder weniger geschlossen hinter dem Projekt stehen; zumindest sollten Skeptiker das Projekt trotz ihrer Bedenken mittragen. Außerdem ist die Schulleitung einzubinden oder zumindest von dem Vorhaben in Kenntnis zu setzen.

7.1 Von Wiliam und Hattie zu Helmke

Es wundert nicht, dass weder Hattie noch Wiliam und ihre verschiedenen Co-Autorinnen und -Autoren kollegiales Feedback thematisieren. In Kapitel 6 haben wir gesehen, dass zahlreiche Wissenschaftler und Pädagogen zwar auf das Self-Assessment von Lehrpersonen eingehen (vgl. Kap. 6.1), dass kollegiale Rückmeldungen aber ausgespart bleiben. Möglicherweise vermuten die Autorinnen und Autoren, dass die Wirkung von kollegialem Feedback nur schwer zu fassen ist. Eine gegenteilige Position vertritt Andreas Helmke, der zusammen mit seinem Team eine Fülle von Fragebögen veröffentlicht hat, mit deren Hilfe verschiedene Dimensionen des Unterrichts erfasst werden können. Alle vorgeschlagenen Maßnahmen dienen der Weiterentwicklung des Unterrichts.

Es geht um das bekannte EMU-Projekt (Evidenzbasierte Methoden der Unterrichtsdiagnostik und -entwicklung), dessen Ziel es ist, Unterricht mithilfe verschiedener Formen der schriftlichen Befragung zu evaluieren. In zwei Zeitschriften-Beiträgen von 2012 und 2017 begründen Helmke und sein Team auf wenigen Seiten ihr Vorgehen zu *EMU: Evidenzbasierte Methoden der Unterrichtsdiagnostik und -entwicklung. Unterrichtsdiagnostik – ein Weg, um Unterrichten sichtbar zu machen* (Helmke/Schrader/ Helmke 2012/S. 180–183; Helmke/Helmke/Ade-Thurow 2017, S. 24–27). Dabei wird der Unterricht aus drei zentralen Perspektiven erfasst, und zwar aus der Sicht der Schülerinnen und Schüler, der der unterrichtenden Lehrperson sowie der einer Kollegin oder eines Kollegen. Die folgenden einheitlichen Kriterien, welche der Befragung der Lernenden, der Lehrkraft und der Kollegin bzw. des Kollegen zugrunde liegen, begründet Helmke ausführlich in seinem Hauptwerk (2012). Diese sind:

1. das Klassenmanagement,
2. ein lernförderliches Klima und die Motivierung der Schülerinnen und Schüler,
3. Klarheit und Strukturiertheit des Lehrens und Lernens sowie
4. die Aktivierung und Förderung der Lernenden.

Die EMU-Fragebögen umfassen meist ca. 25 Statements (fünf bis sechs zu jedem Bereich). Die Befragung, die sich in der Regel auf eine einzige Unterrichtsstunde bezieht, vergleicht die Antworten, die von ‚stimme nicht zu' bis ‚stimme zu' reichen. Zum Klassenmanagement machen Helmke und sein Team u. a. folgenden Vorschlag:

Schülerfragebogen	**Lehrerfragebogen**	**Kollegenfragebogen**
Ich konnte in dieser Unterrichtsstunde ungestört arbeiten.	Die Schüler/innen konnten ungestört arbeiten.	Die Schüler/innen konnten ungestört arbeiten.
Wenn die Lehrerin / der Lehrer in dieser Unterrichtsstunde eine Frage gestellt hat, hatte ich ausreichend Zeit zum Nachdenken.	Wenn ich in dieser Unterrichtsstunde eine Frage gestellt habe, hatten die Schüler/innen ausreichend Zeit zum Nachdenken.	Wenn die Kollegin / der Kollege eine Frage gestellt hat, hatten die Schüler/innen ausreichend Zeit zum Nachdenken.
Mir ist klar, was ich in dieser Stunde lernen sollte.	Den Schüler/innen war klar, was sie in dieser Stunde lernen sollten.	Den Schüler/innen war klar, was sie in dieser Stunde lernen sollten.

Ich war die ganze Stunde über aktiv bei der Sache.	Die Schüler/innen waren die ganze Stunde über aktiv bei der Sache.	Die Schüler/innen waren die ganze Stunde über aktiv bei der Sache.
Ich habe in dieser Unterrichtsstunde etwas dazu gelernt.	Ich habe die Lernziele dieser Unterrichtsstunde erreicht.	Die Kollegin / er Kollege hat die Lernziele dieser Unterrichtsstunde erreicht.

In der Zwischenzeit haben Helmke und sein Team in zahlreichen Publikationen ihre ursprüngliche Initiative weiterentwickelt. Sie sind kontinuierlich dabei, die Fragebögen auf den neuesten Stand zu bringen und zusätzliche Messinstrumente zu entwickeln. Auf Helmkes Website zum EMU-Projekt finden Sie außerdem eine detaillierte Einführung, in der Helmke auf folgende Fragen eingeht:

- Erzieherische Diagnostik – was ist das und warum ist sie nötig?
- Auf welchen wissenschaftlichen Grundannahmen beruht EMU?
- Wie ist EMU strukturiert? Aus welchen Instrumenten besteht EMU?
- Welche Hilfen bietet dieses Evaluationsinstrument?
- Wie können Lehrkräfte ihre Kolleginnen und Kollegen für die Teilnahme gewinnen?

Links führen zu weiteren Einzelheiten und vor allem zu einer Fülle von Kopiervorlagen entsprechender Fragebögen für verschiedene Schulformen: http://www.unterrichtsdiagnostik.info (letzter Zugriff Sept. 2022).

Im Kontext von EMU gibt es für Auszubildende und Lehrpersonen im Dienst außerdem (kostenfrei) videografierte Unterrichtsstunden sowie weitere Videos zu Feedback-nahen Themen im Download: http://www.unterrichtsdiagnostik.de/media/files/Unterrichtsvideos.pdf (letzter Zugriff Sept. 2022).

7.2 Ein Beobachtungsbogen für Kolleginnen und Kollegen

Im Rahmen seiner zahlreichen Initiativen hat Helmke auch Fragebögen konzipiert, die, wie der folgende Beobachtungsbogen, ausschließlich für kollegiales Feedback gedacht sind (EVIT steht für Externe Evaluation im Team). Vergleicht man die Statements mit obigem kurzem Exzerpt, stellt man fest, dass die Formulierungen sehr viel stärker auf die Unterrichtsgestaltung eingehen. Mit anderen Worten: Der folgende Bogen stellt eine größere Hilfe dar, als es der Vergleich mit der Wahrnehmung der Lernenden, der Lehrkraft selbst und einer Person aus dem Kollegenkreis gestattet. Gleichwohl ist auch ein solcher Vergleich unter gewissen Umständen von Nutzen.

(Strichliste für Kurzbeobachtungen)			trifft klar zu	trifft eher zu	trifft eher nicht zu	trifft nicht zu
Fachliche Qualität	1	Der Unterricht entspricht fachlichen Standards (es werden keine fachlichen Mängel beobachtet).				
	2	Es gibt Verknüpfungen mit Inhalten und Lernerfahrungen außerhalb des Faches (fächerübergreifende, lebensweltliche Aspekte).				
	3	Der Unterricht enthält angemessene Angebote für selbstreguliertes Lernen (Arbeitstechniken, Denk-, Lern- und Gedächtnisstrategien).				
Struktur	4	Der Verlauf des Unterrichts ist inhaltlich kohärent (schlüssig, sachlogisch, sinnvolle Verknüpfung, roter Faden).				
	5	Die Schülerinnen und Schüler wissen, was sie zu tun haben, welche Materialien / Hilfsmittel genutzt werden.				
	6	Die Lehrkraft drückt sich prägnant und präzise aus.				
Schüleraktivierung	7	Die Schülerinnen und Schüler stellen von sich aus Fragen, machen Vorschläge, äußern Interesse, gestalten den Unterricht mit.				
	8	Die Lehrkraft gibt differenzierte Rückmeldung.				
	9	Die Aufgaben sind abwechslungsreich.				
	10	Medien und Material sprechen mehrere Sinne an.				
	11	Die Lehrkraft zeigt sich persönlich an Unterrichtsinhalten interessiert.				
	12	geschätzter zeitlicher Sprechanteil von Schülern vs. Lehrkraft	100–76 %	75–51 %	50–26 %	25–0 %

Zeitnutzung	13	Die Unterrichtszeit wird effektiv genutzt (Pünktlichkeit, kein Leerlauf, gleitende Übergänge).				
	14	Die Lehrkraft hat den Überblick über Schüleraktivitäten.				
	15	Der Unterricht ist störungsfrei.				
Klima	16	Der Umgangston zwischen Lehrkraft und Schülerinnen und Schülern ist wertschätzend und respektvoll.				
	17	Die Lernatmosphäre ist entspannt und angstfrei (es wird auch mal gelacht).				
	18	Die Lehrkraft geht mit Schülerfehlern konstruktiv um (positive Fehlerkultur, keine Beschämung).				
Methode	19	Es werden unterschiedliche Sozialformen eingesetzt.				
	20	Die realisierten Sozialformen sind den Zielsetzungen der Unterrichtsphase entsprechend funktional.				
	21	Die Lehrkraft gibt den Schülerinnen und Schülern die Möglichkeit, selbstständig zu arbeiten.				
	22	Die Lernangebote berücksichtigen die unterschiedlichen Lernvoraussetzungen der Schülerinnen und Schüler (Differenzierung).				
	23	Der Unterricht eröffnet Spielräume (ist nicht engführend, kurzschrittig, auf nur eine richtige Antwort oder Lösung fokussiert).				
	24	Das Unterrichtstempo ist angemessen (genügend Zeit zum Überlegen, Geduld bei Langsamkeit).				

Tab. 8: EVIT Unterrichtsbeobachtungsbogen (Prof. Dr. Andreas Helmke, Universität Koblenz-Landau 2005); https://fd.phwa.ch/wordpress/wp-content/uploads/2015/02/Beobachtungsbogen-2.pdf (letzter Zugriff Sept. 2022)

7.3 Personenbezogenes Feedback

Aus meiner Sicht ist das EMU Projekt ein wichtiger Schritt in Richtung personenbezogenes Feedback. Für ein Face-to-face-Feedback-Gespräch unter Dozenten hat das Geschwister-Scholl-Institut für Politikwissenschaft der LMU München folgende Gegenüberstellung erarbeitet. Mit geringen Abwandlungen kann sie für alle bisher dargestellten Formen der Rückmeldung dienen: von der Lehrperson für individuelle Lernende, von Lernenden für die Lehrkraft, beim Peer-Feedback sowie bei Rückmeldungen unter Kolleginnen und Kollegen.

Feedback geben	Feedback annehmen
zuerst Positives	anfordern
Ich-Botschaften	anhören
auf konkretes Verhalten beziehen	nicht argumentieren/rechtfertigen
beschreibend, nicht wertend	keine Gegenangriffe
nur Änderbares kritisieren	aktives Zuhören
Alternativen anbieten	bei Unklarheiten nachfragen
Konsequenzen aufzeigen	Feedback als Angebot begreifen
widerspruchsfrei argumentieren	
zeitnah	

Abb. 4: Rückmeldung im Face-to-face-Fedback-Gespräch (https://www.gsi.uni-muenchen.de/lehreinheiten/sozialkunde/forschung-projekte/abgeschlosse-projekte/kollegiales-feedback-am-gsi/leitfaden-kollegiales-feedback.pdf; letzter Zugriff Sept. 2022)

Teil III

Summatives Assessment in Verbindung mit formativem Feedback

Bewertungen und Noten – gleichgültig ob in Ziffern, in Buchstaben oder in anderer Form – sind aus den öffentlichen Schulsystemen nicht wegzudenken. Das gilt nicht nur für die westliche Welt, sondern auch für asiatische und afrikanische Länder. Zwar gibt es durchaus Versuche, bis zu einer gewissen Klassenstufe ohne Benotung auszukommen. Das betrifft insbesondere Privatschulen, wird aber auch zunehmend an öffentlichen Schulen erprobt. So informiert beispielsweise das deutsche Schulportal ausführlich über alternative Leistungsbeurteilung und stellt Versuchsschulen vor (https://deutsches-schulportal.de/unterricht/schule-ohne-noten-neue-wege-der-leistungsbeurteilung/; letzter Zugriff Sept. 2022).

Dass es bisher bei Versuchen geblieben ist, liegt nicht nur an den Lehrkräften und den Schulleitungen. Es ist vor allem darauf zurückzuführen, dass beispielsweise Firmen im Zusammenhang mit Stellenausschreibungen auf Hinweise bezüglich der Eignung einer Bewerberin oder eines Bewerbers angewiesen sind. Es fällt den Personalabteilungen offensichtlich schwerer, einer in Worte gefassten Darstellung der Leistungen das zu entnehmen, was sie aus Noten ableiten.

Summatives Assessment, das zur Feststellung des Lernstands individueller Lernender zu einem bestimmten Zeitpunkt dient, erfolgt daher in der Regel in Form einer Benotung. Entweder setzt die Lehrperson die Kriterien für die Benotung auf der Grundlage des Curriculums selbst fest. Ein Beispiel hierfür sind Klassenarbeiten und Klausuren. Im Rahmen der Unterrichtsvorbereitung hat die Lehrerin oder der Lehrer eine Auswahl hinsichtlich der Ziele, welche die Lernenden im Rahmen einer Unterrichtseinheit erreichen sollen, getroffen. Aus den Zielen ergibt sich die Wahl der Methoden und Medien. Die wichtigsten dieser Kriterien fließen nun in Aufgabenformate einer schriftlichen Klassenarbeit oder einer Klausur ein. Oder aber die Mess-Kriterien werden von außen vorgegeben wie bei bestimmten Abschlussarbeiten am Ende der Schulpflicht oder beispielsweise den Vergleichsarbeiten (VerA) unter der Federführung des IQB. Bei angemessener Anleitung durch die Lehrperson können sich Schülerinnen und Schüler anhand der Noten einen Eindruck davon verschaffen, was sie erreicht haben, und zwar im Vergleich zu ihren Klassenkameradinnen und -kameraden oder aber zu den Lernenden einer bestimmten Fremdsprache in verschiedenen Bundesländern.

In den folgenden Kapiteln werden Verfahren erläutert und anhand von Beispielen für die Fremdsprachen Englisch und Französisch dokumentiert, die im Zusammenhang mit summativem Feedback mit zusätzlichen formativen Elementen arbeiten.

Die mangelnde Berücksichtigung von Bewertung und Benotung im Rahmen von Feedback-Maßnahmen ist Gegenstand von Kapitel 8. Zunächst wird kurz die Bedeutung von Noten dargelegt (8.1). Anschließend (8.2) werden die wichtigsten Gründe dafür angeführt, dass Expertinnen und Experten höchst selten auf summatives Assessment und Feedback eingehen, obwohl sie deren Bedeutung immer wieder betonen.

In Kapitel 9 werden die Kriterien zur Bewertung mündlicher und schriftlicher Leistungsnachweise im Fremdsprachenunterricht behandelt, vor allem um den Lernenden erste Einblicke in die Bewertung schriftlicher Leistungen zu geben (9.1). In 9.2 geht es um die Kriterien bei der Benotung von Abschlussarbeiten am Ende der Schulpflicht (Hauptschule, Realschule) sowie um die Beurteilung von Abiturarbeiten. Im Mittelpunkt steht auch hier die Einführung der Schülerinnen und Schüler in die jeweiligen Formen des summativen Assessments, die zu verbesserten Lernleistungen beitragen können. Den Abschluss (9.3) bildet die Empfehlung, Übungstests als Ausgangspunkt für die Benotung inhaltlicher Aspekte zu nutzen.

In Kapitel 10 werden verschiedene Verfahren vorgestellt, die es erlauben, effektives Feedback als Ergänzung und Erläuterung von Noten zu nutzen. Da ein schriftlicher Kommentar unter jeder Arbeit zu zeitaufwendig ist und von den Lernenden nur selten rezipiert wird, werden in 10.1 verschiedene Verfahren vorgestellt, wo und wie schriftliches formatives Feedback in schriftliche Leistungsnachweise einbezogen werden kann, nämlich unter ein in Zusammenarbeit mit den Schülerinnen und Schülern erarbeitetes Kriterienraster oder ein entsprechendes Deckblatt.

Im Ausblock des Kapitels 11 wird anhand einer Synopse gezeigt, dass formative Rückmeldung und Benotung sich keineswegs ausschließen.

8 Warum Noten selten in Feedback-Maßnahmen einbezogen werden

8.1 Zur Bedeutung von Noten

Es ist sicher richtig, dass man Noten nicht überbewerten sollte, sie aber nicht in Feedback-Maßnahmen einzubeziehen, ist höchst fragwürdig. Die meisten Wissenschaftler lehnen Noten nicht ab. Das könnten sie auch gar nicht, denn die Noten bestimmen letztlich darüber, ob die Schülerin oder der Schüler in die nächsthöhere Klasse versetzt wird oder eine weiterführende Schule besuchen kann. Letztlich entscheiden Noten über den Zugang zu einem Hochschulstudium und/oder zu bestimmten Berufen. So heißt es auf einer französischen Website:

> *L'évaluation sommative est la somme et le bilan des apprentissages appropriés et consolidés. Elle porte sur un objectif terminal, plutôt que sur des savoirs partiels et est destinée prioritairement à l'institution scolaire et la société. L'évaluation sommative permet de prendre des décisions de type institutionnel, comme l'obtention d'un diplôme, ou le passage dans une classe supérieure par exemple.*
>
> (adapté : https://www.bienenseigner.com/evaluation-sommative/; dernier accès en sept. 2022)

Beim summativen Assessment geht es also nicht um die Ermittlung von Teilkenntnissen, sondern um den Nachweis, dass ein festgelegtes Endziel erreicht wurde. Bewertung und Benotung sind in erster Linie für die Institution Schule und für die Gesellschaft bestimmt, denn sie ermöglichen es, Entscheidungen institutioneller Art zu treffen, z. B. über den Erwerb von Abschlüssen. Das bedeutet freilich nicht, dass Schülerinnen und Schüler Noten als unwichtig abtun können. Vielmehr sollten Lehrkräfte ihnen klarmachen, dass Noten Auskunft über ihre Leistungen geben und folglich – beachtet man grundlegende Aspekte – für ihr Weiterlernen von Bedeutung sind.

8.2 Gründe für die unklare Position von Expertinnen und Experten

Auffällig ist, dass Forscher und Didaktiker in der überwiegenden Mehrzahl betonen, wie wichtig Bewertung und Benotung sind. „Both are valuable, both need to be based on good information, and both can provide valuable feedback", stellen Hattie und Clarke fest (2018, S. 8), beschränken sich aber hinsichtlich des summativen Assessments in ihrem Buch auf eine einzige Seite zum Aspekt des *grading* (2018, S. 135; vgl. Kap. 10). Die Darstellung von Wiliam und seiner Co-Autorin ist zwar ausführlicher, fokussiert aber bei Tests und sonstigen Leistungsnachweisen auf formative Aspekte, z. B. schriftliche und/oder mündliche Kommentare ohne Benotung (vgl. Wiliam/Leahy 2015, S. 126 ff.). Auch in deutschen Publikationen bleibt es bei unzureichenden Aussagen, die den Praxisbezug vermissen lassen. Ein Beispiel ist Monika Wilkening, die in Kapitel 1 kurz auf die *Kombination aus formativen Feedbacks und summativen Bewertungen* eingeht, aber im Verlauf ihrer Publikation nicht mehr darauf zurückkommt, hat sie sich doch ganz und gar der Modellierung von Hattie verschrieben (Wilkening 2016, S. 22 f.).

Die Gründe für die Zurückhaltung sind hauptsächlich darin zu suchen, dass die meisten Expertinnen und Experten, die formatives Assessment propagieren, glauben, Bewertung und Beurteilung in Form von Noten liefere keine Hinweise für das weitere Lernen. Außerdem setze die Benotung die Lernenden unnötig in Konkurrenz zueinander und beeinträchtige so die Motivation. Das ist nur zum Teil richtig. Mit oder ohne Noten: Schülerinnen und Schüler werden sich immer bis zu einem gewissen Maß mit Klassenkameradinnen und -kameraden sowie anderen Gleichaltrigen vergleichen. Dieser Vergleich kann auch ein Ansporn sein. Daher ist es umso wichtiger, dass Lehrkräfte ihren Lernenden dabei behilflich sind, ihre Noten angemessen zu interpretieren, um daraus Impulse für die Weiterarbeit abzuleiten.

Die wenigen wissenschaftlichen Studien, die es überhaupt zum summativen Assessment gibt, beziehen sich auf Studierende, z. B. der Beitrag von Jonathan D. Kibble *Best practices in summative assessment* (2017). Im Rahmen seiner evidenzbasierten Forschungen erweist sich summatives Assessment im Bereich des Medizinstudiums als durchaus effektiv; es weise zahlreiche ‚educational benefits' auf, sei aber hinsichtlich der Gütekriterien sowie der Durchführbarkeit und der entstehenden Kosten zu prüfen. Das trifft auf die häufig mehrere hundert Studierende umfassenden medizinischen Fakultäten sicher eher zu als auf eine im Wesentlichen überschaubare schulische Lerngruppe. Der Autor schließt mit Empfehlungen, die in leicht abgewandelter Form auch für Schule und Unterricht gelten können:

In summary, some basic elements of practice for excellent assessment are as follows:

- Use backward design that starts by defining the learning outcomes and what types of assessment are most suitable to measure the outcomes.
- Document a testing blueprint that shows what domains will be tested and how this matches the learning outcomes; share the blueprint with all stakeholders.
- Engage as much as possible in faculty peer review during the test development process to avoid introducing construct underrepresentation and construct irrelevant variance.
- Include enough items and items of high quality to assure adequate test reliability and defensibility of scores.
- Apply standard setting methods.
- Provide students with clear instructions and practice materials and develop a plan to assure the integrity of data throughout the testing process.
- Monitor the fairness, acceptability and impact of testing over time with routine surveying of stakeholders and comparison of test scores with other measures of student outcomes.

(https://journals.physiology.org/doi/full/10.1152/advan.00116.2016; last access Sept. 2022)

Kibble empfiehlt das *Backward Design* (vgl. Kap. 3.2.1) und die Festlegung von Assessment-Verfahren, die sich für die Messung der jeweiligen Ziele, Inhalte und Methoden am besten eignen. Ein Kriterienraster zeigt die Bereiche, die abgeprüft werden sollen und ihren Bezug zu den Lernergebnissen. Eine angemessene Zahl von Items, die möglichst standardbasiert sein sollten, stellt die Validität des Tests sicher und gewährleistet die Reliabilität der Bewertung. Außerdem plädiert Kibble für kollegiale Absprachen und vor allem dafür, den Lernenden klare Hinweise zu geben und ihnen hinreichend Übungsmaterial zur Verfügung zu stellen.

Eine der wenigen, die näher auf summatives Assessment in Verbindung mit formativem Feedback im schulischen Kontext eingeht, ist Susan M. Brookhart. In einem kurzen Abschnitt mit der Überschrift *Formative und summative Leistungsrückmeldung* geht sie auf die Frage ein, welche Variante angemessen sei. Wenn Feedback formativ sein soll, wenn es also den Schülerinnen und Schülern beim Lernen helfen soll, ergeben sich ihrer Ansicht nach gerade aus summativer Leistungsrückmeldung, also nach der Vergabe von Noten, Gelegenheiten für das Weiterlernen. Leistungsstarke Schülerinnen und Schüler werden selbst Wege finden, die durch die Benotung erfolgte Feedback-Information zu nutzen. Die Lernschwächeren sind jedoch auf die Hilfe der Lehrperson angewiesen. „Alle Schüler können von summativer Leistungsrückmeldung profitieren, wenn Sie ihnen Gelegenheit geben, die Rückmeldung umzusetzen“ (Brookhart 2010, S. 47; vgl. Kap. 10).

Nottingham und Nottingham weisen mehrmals darauf hin, dass Noten nicht zum formativen Feedback-Prozess gehören und deshalb separat vermittelt werden sollten (z. B. 2017, S. 6). Gleichwohl fügen sie aber im Kleingedruckten hinzu:

> *Grading can help your students, but only if they*
> - understand the criteria used to determine the grade,
> - can identify the next steps they could take to improve their performance,
> - understand the grading system well enough what level they need to be at to achieve their long-term goals (of, for example, an A grade in the end-of-year exams).
>
> Another way to make grading more powerful is to get your students to grade their own work. Of course, many teachers will say that their students can't do this, but we hope by reading this book that you might say they can't yet but they can learn how to!
>
> (Nottingham/Nottingham 2017, S. 131)

Soweit sollte man nicht gehen: Die meisten Autorinnen und Autoren weisen zu Recht immer wieder daraufhin, dass die Lernenden kontinuierlich der Hilfe und des Zuspruchs der Lehrperson bedürfen, selbst wenn sie bereits in der Lage sind, weitgehend selbstständig zu arbeiten. Auch die leistungsfähigsten Schülerinnen und Schüler können hinsichtlich der Aufgaben und Aktivitäten, der Lernprozesse und der Selbstregulation immer noch dazulernen, um auf lebenslanges Lernen bestmöglich vorbereitet zu sein. Warum sollten sie sich dann im Detail in ein so komplexes Feld wie die Erteilung von Noten einarbeiten? Es fällt schwer nachzuvollziehen, warum Nottingham und Nottingham, die, wie viele andere auch, Zensuren als notwendiges Übel ansehen, von Schülerinnen und Schülern erwarten, dass sie sich selbst benoten.

Bei Überlegungen zu summativem und formativem Feedback dürfen Noten und sonstige Bewertungen nicht nur beiläufig behandelt oder gar negativ belegt werden. Schülerinnen und Schüler müssen vielmehr erfahren, wie eine Note zustande kommt und was sie beachten müssen, um bessere Ergebnisse zu erzielen.

9 Zur Bewertung mündlicher und schriftlicher Leistungsnachweise im Fremdsprachenunterricht

Die Benotung mündlicher Leistungen bezieht sich im Wesentlichen auf die Beteiligung am Unterricht, die Erledigung der Hausaufgaben und verschiedene Formen der Präsentation wie beispielsweise Referate und Power-Point-Präsentationen. Wie die Lehrperson die Beteiligung am Unterricht und/oder die Erledigung der Hausaufgaben im konkreten Fall benotet, bleibt oft ihr Geheimnis. Nur in Ausnahmefällen zückt die Lehrkraft ostentativ ihr Notenbuch, um einer Schülerin oder einem Schüler zu signalisieren, dass sie mit einer Leistung in den genannten Bereichen höchst unzufrieden ist. Bei Referaten und Power-Point-Präsentationen hingegen erfahren die Schülerinnen und Schüler in der Regel, wie die Lehrerin oder der Lehrer Inhalt und Darbietung benotet. Bisweilen erfolgt die Bekanntgabe der jeweiligen Note erst nach einer Diskussion der Präsentation im Plenum. Durch dieses Vorgehen werden die Mitlernenden bis zu einem gewissen Maß in die Notengebung einbezogen. Größeres Gewicht hinsichtlich der Zeugnisnoten haben in der Regel schriftliche Leistungsnachweise in Form von Klassenarbeiten, Klausuren und Abschlussarbeiten.

9.1 Den Lernenden erste Einblicke in die Bewertung schriftlicher Leistungen geben

Die meisten Lehrpersonen geben ihren Lernenden vor Klassenarbeiten und Klausuren Hinweise, auf welche Inhalte sich die schriftliche Arbeit beziehen wird, z. B. die Zusammenfassung eines Textes oder das Schreiben eines Briefes an eine fiktive Person. In der Regel geben sie auch an, auf welche sprachlichen Aspekte die Schülerinnen und Schüler besonders achten sollen, z. B. Wörter oder Ausdrücke zur Strukturierung eines Textes oder sprachliche Konventionen bei der Abfassung eines Briefes im Zielsprachenland. Bei der Rückgabe der Klassenarbeiten und Klausuren lehnen sich die Lehrpersonen eng an inhaltliche und sprachliche Aspekte an, um den Lernenden eine Korrektur zu erleichtern.

Was selten zur Sprache kommt, sind die vom Gesetzgeber vorgegebenen Kriterien für die Benotung. Häufig fehlt eine Verallgemeinerung, die es den Schülerinnen und Schülern erlauben würde, die erzielten Ergebnisse und insbesondere mögliche Unzulänglichkeiten in ihre weiteren Lernbemühungen einzubeziehen. Was im Folgenden in komprimierter Form dargestellt wird, sollte mit den Schülerinnen und Schülern nach und nach anhand ausgewählter Tests, Klassenarbeiten und Klausuren besprochen werden. Zudem muss es dem Lernkontext und dem Alter der Lernenden entsprechen, damit sie für ihr Weiterlernen davon profitieren können.

Vermutlich ist den wenigsten Lernenden bewusst, dass es nicht die Lehrkraft ist, die von sich aus bestimmt, wie sie mit der Notengebung verfährt. Bewertung und Benotung von Klassenarbeiten, Klausuren und Abschlussarbeiten werden durch die Schulbehörden der einzelnen Bundesländer reguliert und in Zeugnisnoten (in der Sek. I von 1 bis 6 und in der Sek. II in Punkten von 15 bis 0) zusammengefasst. Dabei unterscheiden sich die Anforderungen nach Schulform. Bei den Abschlussarbeiten am Ende der Schulpflicht basieren sie beim Lehren und Lernen von Fremdsprachen auf den Niveau-Stufen des GeR von A 2 über B 1 bis hin zu B 2.

Eine allgemeine Unterteilung, auf die sich die Bundesländer verständigt haben, betrifft die Unterscheidung in Inhalt und Sprache. Der Inhalt fließt mit 40 % in die Benotung ein, während sprachliche Aspekte 60 % der Note ausmachen. Außerdem unterscheiden die meisten Fremdsprachenlehrerinnen und -lehrer bei der Sprache zwischen Stil, meist die Abwechselung hinsichtlich des Vokabulars und der Strukturen, und der Korrektheit. Sie machen je 30 % der Benotung aus.

Anhand ausgewählter Passagen aus schriftlichen Leistungsnachweisen können die Lernenden zunächst die grobe Unterteilung der Bewertung in Sprache und Inhalt vornehmen, bevor sie daran gehen, sprachliche Korrektheit und Stil voneinander zu trennen. Natürlich gelingt dies umso besser, je mehr Hinweise die Lehrerin oder der Lehrer in die (mündlichen und vor allem schriftlichen) Kommentare zu einzelnen Bereichen aufnimmt. Es ist leicht nachzuvollziehen, warum Noten ohne entsprechende Erläuterungen bzw. ein angemessenes Feedback nicht zur erwünschten Verbesserung der Lernergebnisse (und der Weiterentwicklung der Persönlichkeit der individuellen Lernenden) führen (vgl. Kap. 10 und 11).

Das herausragende Merkmal des summativen Assessments in Schule und Unterricht ist also sein legaler Charakter. Da die Bundesländer bei der Festsetzung von Details weitgehend autonom sind, erlassen sie entsprechende Gesetze und veröffentlichen eine Fülle von Richtlinien. Einerseits haben Lehrpersonen einen erheblichen Ermessensspielraum, wenn es um die Beurteilung und Benotung mündlicher Leistungen geht. Was andererseits schriftliche Leistungsnachweise angeht, müssen sie die Vorgaben und Gesetze des jeweiligen Bundeslandes strikt befolgen. Das lässt sich dadurch begründen, dass auf der Grundlage schriftlicher Leistungen nicht nur die Versetzung in die nächsthöhere Klasse erfolgt, sondern auch der Zugang zu Hochschulen und bestimmten Berufen. Zunächst einmal sollten Lehrpersonen ihren Lernenden diesen Unterschied näherbringen. Möglicherweise können fortgeschrittene Schülerinnen und Schüler von sich aus herausfinden, warum die Benotung schriftlicher Leistungen für den Gesetzgeber im Vordergrund steht:

FORMULIERUNGEN

- Why do you think that the school authorities differentiate between the importance of grades for oral and for written performance?
- Why do they consider grades on written performance as more important?

- Pourquoi croyez-vous que les autorités scolaires évaluent différemment les prestations orales et écrites?
- Pourquoi les autorités donnent-elles plus d'importance aux notes des épreuves écrites?

9.2 Vorgaben für die Bewertung und Benotung von Abschlussarbeiten kennenlernen

Die Anforderungen bei Abschlussarbeiten am Ende der Schulpflicht, also am Ende von Hauptschule, der Realschule oder dem Gymnasium, werden von den Bundesländern besonders ausgewiesen. Für alle Schülerinnen und Schüler ist es sinnvoll, sich über Einzelheiten zu informieren, zumal sich die gesetzlichen Vorgaben ähneln. Als Beispiel kann Hessen dienen.

Für die Hauptschule und für die Realschule fließen für die Fremdsprache Englisch die gleichen vier Bereiche in die Note ein; die Anforderungen unterscheiden sich jedoch je nach Schulform.

A. Listening Comprehension – 25 %
B. Reading Comprehension – 25 %
C. Use of Language – 25 %
    1. Mediation (in both directions)
    2. Words and structures
D. Text Production – 25 %

(http://zaa.schule.hessen.de/fachspezifische_regelungen_englisch/index.html; letzter Zugriff Sept. 2022)

Zentrale Abschlussarbeiten 2022: Konkretisierungen für das Fach Englisch
Das Hessische Kultusministerium gibt ausführliche Hinweise. Der folgende Ausschnitt aus den umfänglichen Leitlinien unterscheidet die Anforderungen für die Hauptschule und die Realschule im Bereich D:

> *Prüfungsteil D: Text production (Wahlaufgabe)*
> *Die Schülerinnen und Schüler können im Prüfungsjahr 2022 zwischen drei gelenkten Schreibaufträgen wählen; mindestens einer der drei Schreibaufträge ist bildgesteuert. Erwartet wird, dass die Schülerinnen und Schüler in der Lage sind, mithilfe von Leitfragen kurze einfache Texte zu vertrauten Themen zu verfassen.*

> *Prüfungsteil D: Text production (Wahlaufgabe)*
> *Die Schülerinnen und Schüler können im Prüfungsjahr 2022 zwischen drei gelenkten Schreibaufträgen wählen; mindestens einer der drei Schreibaufträge ist bildgesteuert. Erwartet wird, dass die Schülerinnen und Schüler in der Lage sind, mithilfe von Leitpunkten zusammenhängende Texte zu vertrauten Themen oder zu einem Bildimpuls zu verfassen.*

Es bietet sich an, vor der jeweiligen Abschlussarbeit die Textproduktion mit den Lernenden zu üben. Dabei können sie von einem Vergleich der beiden Passagen profitieren. Wodurch unterscheiden sich die Anforderungen? Was bedeutet: „mithilfe von Leitfragen kurze Texte zu vertrauten Themen zu verfassen“ im Vergleich zu „mithilfe von Leitpunkten zusammenhängende Texte zu vertrauten Themen oder zu einem Bildimpuls zu verfassen“? (vgl. Kap. 10 und 11).

Betrachten wir die Abitur-Anforderungen, so sind die Richtlinien, Regulierungen und Gesetze aus juristischen Gründen verständlicherweise detaillierter. Um Schülerinnen und Schülern den Wechsel zwischen den Bundesländern zu erleichtern, sind Aufbau und Anforderungen jedoch weitgehend identisch.

> Abiturarbeiten bestehen in allen Bundesländern aus einer dreiteiligen Aufgabenstellung, die sich auf einen fiktionalen (oder nicht-fiktionalen) Text bezieht:
> - Textverständnis (in Form einer Zusammenfassung),
> - Analyse und
> - Kommentar/Interpretation.

Diese drei Bereiche können durch eine Sprachmittlungsaufgabe ergänzt werden, wenn der zugrunde liegende Text dies nahelegt.

As aforementioned the achievement is divided in content (40 %, 60 points) and language (60 %, 90 points). For the comprehensive assessment the following table 'Kriterien zur Bewertung der Sprachlichen Leistung/Darstellungsleistung' is often used as point of reference: (https://www.standardsicherung.schulministerium.nrw.de/cms/zentralabitur-gost/faecher/)[...]
As it is already demanding for teachers to apply the rules of achievement evaluation valid in their Federal State, it is much more difficult for students who want to prepare for written examinations. Beside the overall challenges of content and language they have to be test wise or rather acquire ,exam wisdom' in order to concentrate on the important features of the future examinations.

(De Florio-Hansen 2018, S. 303)

Aufgrund der komplexen Anforderungen an die Lernenden verweist beispielsweise das Hessische Kultusministerium über eigene umfangreiche Hinweise hinaus auf die Publikationen des Stark Verlags, welche die meisten Lehrpersonen nutzen: *Stark Abiturprüfung Englisch 2021 – Englisch GK/LK.* In der Verlagswerbung heißt es:

Der Band enthält:
die Original-Abituraufgaben 2015 bis 2020 (Aufgaben der GK- sowie der LK-Prüfung), schülergerechte Lösungen zu allen Aufgaben und viele nützliche Bearbeitungshinweise, Basiswissen zum country of reference South Africa, Kurzinterpretationen zu den Pflichtlektüren: Harper Lee, To Kill a Mockingbird, William Shakespeare, Othello, Sindiwe Magona, Mother to Mother, Hinweise zu Ablauf und Anforderungen der Prüfung.

(Stark Verlag, 2021)

9.3 Übungstests als Ausgangspunkt

Im Unterricht können – am besten in Absprache mit den Schülerinnen und Schülern – immer wieder unbenotete Tests zur Überprüfung des Wissens und Könnens sowie der Kompetenzen eingesetzt werden. Diese gelten als sehr lernwirksam. Hattie und Zierer sprechen von Übungstests und geben eine Effektstärke von d = 0,54 an (Hattie/Zierer 2020, Ende Faktorenliste).

Neben der Bedeutung für das Weiterlernen können unbenotete Tests auch dazu genutzt werden, den Lernenden erste Einblicke in die Bewertung der Test-Instrumente zu geben. Wie ist die fremdsprachliche Leistung einzuordnen? Warum ist ein bestimmtes Vorgehen angemessen? Was hätte man besser machen können? Und vor allem: Wie fließen solche Überlegungen in Noten ein? Es bietet sich also an, auch bei unbenoteten Tests auf Kriterienraster zurückzugreifen und/oder sie mit den Lernenden zusammen zu erstellen.

In Kapitel 5.4 wurde die SOLO-Taxonomie vorgestellt. Sie stellt auch bei Tests, gleichgültig ob unbenotet oder benotet, ein valides Kontrollinstrument dar. Je nach Lernkontext und Kenntnisstand der Schülerinnen und Schüler können Lehrpersonen einzelne Aspekte herausgreifen und mit den Lernenden besprechen. Folgende Benotung bietet sich an:

Benotung inhaltlicher Aspekte am Beispiel ‚Schuluniformen'
- *Erweitertes Abstraktum (extended Abstract):* sehr gut
- *Relational (relational):* gut
- *Multistruktural (multistructural):* befriedigend
- U*nistruktural (unistructural):* ausreichend
- *Prästruktural (prestructural):* mangelhaft

Auch jüngeren Schülerinnen und Schülern dürfte es nicht schwerfallen, diesen Vorschlag zur Notengebung nachzuvollziehen und gegebenenfalls auf eigene Darstellungen sowie diejenigen von Peers anzuwenden. Obgleich es sich um ein einsichtiges Verfahren handelt, sollte man die Lernenden darauf hinweisen, dass die Niveaus inhaltlicher Darstellung keineswegs immer klar voneinander abzugrenzen sind und man auch für solche Fälle eine angemessene Benotung des Inhalts sicherstellen muss. Vor allem aber muss die Lehrperson den Schülerinnen und Schülern eindringlich klar machen, dass sich die vorgeschlagene Benotung ausschließlich auf inhaltliche Aspekte bezieht. Hinzukommen muss die Bewertung der sprachlichen Leistung, die im Fremdsprachenunterricht aufgrund amtlicher Übereinkünfte einen höheren Anteil an der Bewertung und Benotung ausmacht als der Inhalt. Es geht also immer um eine Integration der Benotung von Sprache und Inhalt (vgl. Kap. 10 und 11).

10 Summatives Assessment in Verbindung mit formativen Rückmeldungen

In einem Blogeintrag des Thomas Fordham Instituts mit dem Titel *Why grades matter* schreibt Chester E. Finn, jr. im Jahr 2020:

> *A tenth-grader I happen to know pretty well takes her school grades seriously and derives satisfaction and pride from good ones (which, I might add, she routinely seems to get). This spring was hard for her – no fun for a teenager to be home with mom and dad all day, no contact with friends except on screens, and none of the face-to-face classroom interaction with teachers and fellow students that she adores. Her (private) school did a commendable job of online instruction, and she worked diligently on the assignments. But then no grades, just written comments by teachers. What a bummer, never mind that the sentences emailed to her were highly supportive.*

Wie man dem Zitat von Finn entnehmen kann, ist es keineswegs so, dass die Lernenden in ihrer Mehrzahl Noten ablehnen. Bisweilen werden sie durch die Voreingenommenheit ihrer Lehrerin oder ihres Lehrers veranlasst, explizite Bewertung und Benotung negativ einzustufen oder zumindest ihre Meinung dazu für sich zu behalten. Andererseits belegen wissenschaftliche Studien die oben angedeutete Haltung des Teenagers, nämlich dass Kommentierungen von Tests und anderen Leistungsnachweisen – mögen sie noch so positiv sein – ohne Nennung einer Note von vielen Schülerinnen und Schülern als nicht aussagekräftig genug empfunden werden.

Es ist also keineswegs so, wie Hattie und Clarke suggerieren, indem sie Notenvergabe als Post-Lesson-Feedback einstufen und es dem In-Lesson-Feedback gegenüberstellen (Hattie/Clarke 2018, S. 123 ff.). „The most powerful feedback [...] is the ‚in the moment' feedback, verbal or written, which teachers engage in throughout a lesson" (Hattie/Clarke 2018, S. 136). Sollen Tests, Klassenarbeiten und Klausuren nicht im Unterricht besprochen und kommentiert werden? Wieso kann man die Vergabe von Noten nicht mit formativen Rückmeldungen verbinden? Wer Positionen wie Hattie und Wiliam vertritt, sollte den Mut aufbringen, sich für die Abschaffung von Noten einzusetzen.

Auch *Assessment for learning* und das damit verbundene formative Feedback können ihre Wirkung in Verbindung mit summativem Assessment entfalten. Das gilt insbesondere dann, wenn die Notenvergabe mit Hinweisen für die Weiterarbeit der Lernenden verbunden ist. Dazu müssen die Schülerinnen und Schüler freilich die Kriterien kennen, die zu einer bestimmten Note führen (vgl. Kap. 9). Erst dann können sie aus ihren ‚Fehlern' lernen und ihre Leistungen verbessern – und zwar im Rahmen des Unterrichts mit entsprechender Unterstützung durch die Lehrkraft und vor allem im Austausch mit Peers.

Schon seit längerer Zeit verbinden Lehrpersonen Noten mit mündlichen und/oder schriftlichen Kommentaren. Dabei versteht es sich von selbst, dass eine kurze schriftliche Kommentierung, welche die Lehrperson unter der Note des jeweiligen Lernenden anbringt, entweder nicht entsprechend rezipiert wird oder sogar negative Reaktionen auslöst – einmal abgesehen vom immensen Arbeitsaufwand für die Lehrkraft. Was also ist zu tun, um summatives Assessment, also Noten, mit Hinweisen und Kommentaren zu versehen, die als formativ gelten können, weil sie dem individuellen Lernenden ausreichend Hinweise für ihre oder seine weiteren Lernbemühungen geben? Die Grundfrage lautet: Wie kann das von allen befürwortete „what next?" im Zusammenhang mit summativem Feedback zum Tragen kommen?

10.1 Effektives Feedback in Verbindung mit Bewertung und Benotung

Susan M. Brookhart geht in einem ganzen Kapitel auf effektive Rückmeldungen in schriftlicher Form ein (Brookhart 2010, S. 35 ff.). Zunächst weist sie ausführlich darauf hin, dass in diesem Zusammenhang die Wortwahl sowie die Beteiligung der Lernenden besonders wichtig sind. Sie schlägt Formulierungen vor wie z. B. „Woran dachtest du, als du dieses Thema gewählt hast? Was war deine Absicht?" (Brookhart 2010, S. 35). Die Schülerinnen und Schüler dürfen auch beim Feedback in Zusammenhang mit Noten nicht in eine passive Rolle gedrängt werden. Vielmehr soll zum Ausdruck kommen, dass Lehrpersonen die „Schüler als Menschen schätzen, die lernen" (ebda.). Die Lernenden sollen im Glauben an ihre Selbstwirksamkeit bestärkt werden. Das Feedback soll ihnen dabei helfen, selbst zu entscheiden, was als nächstes zu tun ist. „Wenn Sie einem Schüler die Rückmeldung geben, dass etwas falsch ist, machen Sie Vorschläge, wie er das „verbessern kann" (Brookhart 2010, S. 38).

10.2 Wo und wie bringt man schriftliches Feedback bei Leistungsnachweisen an?

Ebenso wie andere Expertinnen und Experten geht auch Brookhart davon aus, dass Tests und andere Arbeiten, die zu reinen Übungszwecken angefertigt werden, unbenotet bleiben.

> *Doch bei Projekten, die für die Zensur ausschlaggebend sind, möchten einige Schüler gern den Grund für ihre Zensur wissen; in diesem Fall trägt das Feedback dazu bei, zu erklären, wie die Note zustande gekommen ist. Vorgefertigte Tabellen mit Raum für Bemerkungen oder Deckblätter sind sinnvoll, wenn es um Projekte, Facharbeiten und andere umfangreiche schriftliche Arbeiten geht. [...] Feedback ist immer dann besonders sinnvoll, wenn das Überarbeiten und erneute Einreichen einer schriftlichen Arbeit möglich sind oder wenn eine ähnliche Arbeit ansteht.*
>
> (Brookhart 2010, S. 40)

Besonders wichtig in diesem Zusammenhang ist der Rat der Autorin, dass Lernende Gelegenheit haben sollten, das Feedback umzusetzen. Das gilt auch dann, wenn sie ihrer Lehrerin oder ihrem Lehrer die Arbeit nicht erneut zur Korrektur vorlegen können, also bei Klassenarbeiten und Klausuren, wie sie im deutschsprachigen Raum üblich sind.

Im Folgenden gehe ich auf drei Möglichkeiten ein, wie formatives Feedback im Zusammenhang mit der Vergabe von Noten gestaltet und eingebracht werden kann:

1. Eine Möglichkeit besteht darin, formative Rückmeldungen in die Arbeit selbst zu schreiben, und zwar an dem Punkt, um den es geht.
2. Zusammen mit den Lernenden werden Kriterienraster erstellt, die für schriftliche Arbeiten wiederholt verwendet werden können.
3. Es kann – wieder unter Mitwirkung der Schülerinnen und Schüler – ein Deckblatt erstellt werden, auf dem die Lehrperson ihre Kommentare lediglich zu markieren braucht.

1. Formative Rückmeldungen in der Randspalte

Diese Variante bietet sich bei kürzeren Leistungsnachweisen an. In jedem Fall sollte die Lehrkraft auch positive Aspekte unterstreichen, bevor sie in einer Form Kritik an einzelnen Passagen der vorgelegten Arbeit übt, die ihrer Ansicht nach verbesserungswürdig sind.

FORMULIERUNGEN

- You have structured your story quite well taking your daily routine as a starting point, but you have done so in a quite monotonous way. Aren't their parts in your routine that you enjoy more than others? Could you please give examples?
- The content of your work makes sense. But could you please explain why you have chosen this topic?
- You explain very well for what reasons the protagonist has chosen a certain behavior, but you don't mention the reaction of the other characters involved. Your work will be completer and more attractive if you focus on the consequences of the protagonist's behavior, too.

- Vous avez très bien structuré votre histoire en prenant votre routine quotidienne comme point de départ, mais vous le faites de manière assez monotone. N'y a-t-il pas des parties de votre routine qui vous plaisent plus ou moins? Pouvez-vous donner des exemples?
- Le contenu de votre travail est logique. Mais pourriez-vous expliquer pourquoi vous avez choisi ce sujet?
- Vous expliquez très bien pour quelles raisons le protagoniste a choisi un certain comportement, mais vous ne mentionnez pas la réaction des autres personnages impliqués. Votre travail serait plus complet et plus attrayant si vous vous concentriez également sur les conséquences du comportement du protagoniste.

2. Arbeit mit einem Kriterienraster

In Kapitel 3 werden verschiedene Kriterienraster vorgestellt, u. a. das von Catlin Tucker. Während es dort darum geht, sich anhand des Rasters im Hinblick auf das Weiterlernen zu orientieren, geht es an dieser Stelle um zweierlei: Zum einen können sich die Schülerinnen und Schüler auch für schriftliche Leistungsnachweise daran orientieren, denn es wird der Klassenarbeit oder Klausur beigefügt. Zum anderen kann die Lehrperson für jeden Lernenden die Passagen einkreisen, die sie oder er stärker berücksichtigen müsste. Das erspart nicht nur Arbeit, sondern hilft vor allem den Lernenden weiter, weil sie bereits mit den einzelnen Punkten der Rubrik vertraut sind.

Die vorgestellten Kriterienraster sollten nicht einfach übernommen werden. Vielmehr geht es darum, zusammen mit den Schülerinnen und Schülern ein für den jeweiligen Lernkontext geeignetes Raster zu erstellen. Selbstverständlich kann es auch für Französisch in der Zielsprache abgefasst sein (vgl. Kap. 3).

Element	Needs Improvement 1	Fair 2	Strong 3	Excellent 4
Orients and Engages the Reader	Does not engage or orient the reader by establishing a situation. Introduces the narrator and develops at least one character.	Attempts to engage the reader by establishing a situation. Introduces the narrator and develops at least one character.	Engages and orients the reader by establishing a situation, introducing the narrator, and developing characters.	Immediately engages and orients the reader by establishing a clear situation, introducing the narrator, and developing interesting characters.
Narrative Techniques	Little to no attempt to use dialogue, description, and pacing. Experiences and events are underdeveloped throughout.	Attempts to use dialogue, description, and pacing but experiences and events are underdeveloped.	Uses dialogue, description, and pacing to develop experiences, events, and characters.	Effectively uses dialogue, description, and pacing to develop experiences, events, and characters.
Sequence of Events	Unclear sequence of events. The plot is hard to follow throughout.	Attempts to sequence events. The plot is hard to follow in places.	Clear sequence of events that unfold naturally.	Clear purposeful sequence of events that unfold naturally.
Conclusion	Abrupt ending. No concluding statement.	Ends with a concluding statement that does not clearly follow from the narrative.	Ends with a concluding statement that follows from the narrative.	Effectively ends with a strong concluding statement that follows from the narrative.
Organization & Transitions	Little to no attempt at organization.	Attempts to organize ideas, but traditional language is needed.	Organizes ideas in a logical way. Transitional language used.	Strong organization and transitional language used throughout.
Mechanics (Spelling & Grammar)	Distracting mechanical errors throughout.	Mechanical errors distract from the narrative at times.	A couple errors present, but they do not distract.	Mechanics reflect careful editing.

Tab. 9: Tucker, Catlin: Blended Learning in Grades 4–12

SPRACHE				INHALT
Sprachrichtigkeit und Verständlichkeit	**Ausdrucksvermögen**	**Note**	**BE**	
• der Lernstufe entsprechend praktisch fehlerfrei • durchweg sehr gute Verständlichkeit	• korrekte Verwendung neu gelernter, auch schwieriger Wörter • korrekter Einsatz neu gelernter, auch komplexerer grammatischer Strukturen • sehr gute Anwendung textstrukturierender Elemente	1	5	• Aufgabenstellung voll erfüllt • textsortenspezifische Merkmale überzeugend angewandt • Gedanken durchgängig logisch und durchgängig kohärent dargestellt
• wenige leichte Fehler • gute Verständlichkeit	• Verwendung neu gelernter, auch schwieriger Wörter • Einsatz neu gelernter, auch komplexerer grammatischer Strukturen • gute Anwendung textstrukturierender Elemente	2	4	• Aufgabenstellung gut erfüllt • textsortenspezifische Merkmale gut angewandt • Gedanken logisch und kohärent dargestellt
• mehrere leichte und wenige gravierende Fehler • Verständlichkeit gegeben und nicht beeinträchtigt	• Verwendung eines einfachen, dem Thema angemessenen Wortschatzes • angemessener Einsatz grammatischer Strukturen • angemessene Anwendung textstrukturierender Elemente	3	3	• Aufgabenstellung erfüllt • textsortenspezifische Merkmale angemessen angewandt • Gedanken im Wesentlichen noch logisch und kohärent dargestellt
• viele leichte und mehrere gravierende Fehler • Verständlichkeit stellenweise beeinträchtigt	• Verwendung eines einfachen und begrenzten Wortschatzes • Einsatz einfacher grammatischer Strukturen • nur vereinzelt oder teilweise falsche Anwendung textstrukturierender Elemente	4	2	• Aufgabenstellung in Grundzügen erfüllt • textsortenspezifische Merkmale noch angemessen angewandt • Gedanken nur teilweise logisch und zum Teil kohärent dargestellt

• sehr viele leichte und viele gravierende Fehler • Verständlichkeit deutlich beeinträchtigt	• Verwendung eines äußerst einfachen, sehr begrenzten Wortschatzes • Einsatz äußerst einfacher, lückenhafter grammatischer Strukturen • fehlende oder häufig falsche Anwendung textstrukturierender Elemente	5	1	• Aufgabenstellung nur eingeschränkt erfüllt • textsortenspezifische Merkmale kaum erkennbar angewandt • Gedanken nur ansatzweise logisch und nur in Ansätzen kohärent dargestellt
• sehr viele leichte und sehr viele gravierende Fehler • Verständlichkeit nicht mehr gegeben	• völlig unzureichender Wortschatz • grammatische Strukturen kaum mehr erkennbar • keinerlei Anwendung textstrukturierender Elemente	6	0	• Aufgabenstellung nicht erfüllt • textsortenspezifische Merkmale nicht erkennbar • Gedanken nicht logisch und nicht kohärent dargestellt

Tab 9: Kriterien zur Bewertung von Textproduktion in der Mittelstufe bis Klasse 10 (https://lehrerfortbildung-bw.de/u_sprachlit/franzoesisch/gym/bp2016/fb6/5_schreib/3_korrektur/2_tabelle/15.1_kriterientabelle_und_feedback.pdf; letzter Zugriff Sept. 2022)

3. Arbeit mit einem Deckblatt

Auch ein Deckblatt, das auf der Klassenarbeit oder Klausur angebracht wird, bietet den Lernenden Gelegenheit, bekannte Aspekte in ihr Vorgehen und ihre Darstellung einzubeziehen. Auch in diesem Fall sind die Schülerinnen und Schüler an der Gestaltung des Deckblatts zu beteiligen. Ebenso wie ein Kriterienraster erleichtert es der Lehrkraft die Arbeit, denn sie kann ihre Kommentare in die vorgesehene Randspalte schreiben (während sie sich bei der Verwendung eines Kriterienrasters auf das Markieren des vorhandenen Textes beschränkt). Die unten stehenden englischen Formulierungen (Übersetzung DF-H) sind in enger Anlehnung an die Vorschläge des Staatsinstituts für Schulqualität und Bildungsforschung München (ISB) entstanden und gelten für den Unterricht an Gymnasien (https://www.isb.bayern.de/schulartspezifisches/materialien/b/bewertung_schreibaufgaben/; letzter Zugriff Sept. 2022).

Bewertungsraster Schreiben – Textproduktion – B1/B1+

Inhalt und Textstruktur

Leistungsbeschreibung	Kommentar der Lehrkraft
Note 1	
Aufgabenstellung vollständig erfüllt und in allen wesentlichen Aspekten überzeugend und ggf. ideenreich umgesetzt	
Kommunikationssituation (Adressatenbezug, Textsorte) durchgehend überzeugend umgesetzt	
klar strukturierte und kohärente, durchgehend überzeugende Darstellung	
ggf. überzeugende Vermittlung der eigenen Position bzw. fundierte Sachkenntnisse im geforderten Themenbereich	
Note 2	
Aufgabenstellung weitgehend erfüllt und in den meisten zentralen Aspekten sachgerecht und ggf. ideenreich umgesetzt	
Kommunikationssituation (Adressatenbezug, Textsorte) weitgehend überzeugend umgesetzt; meist klar strukturierte, folgerichtige und überzeugende Darstellung	
ggf. im Allgemeinen überzeugende Vermittlung der eigenen Position bzw. solide Sachkenntnisse im geforderten Themenbereich ohne größere Lücken bzw. Mängel	
Note 3	
Aufgabenstellung im Allgemeinen erfüllt; einzelne Aspekte fehlen	
Kommunikationssituation (Adressatenbezug, Textsorte) im Allgemeinen umgesetzt	
insgesamt angemessen strukturierte und kohärente, aber nicht immer folgerichtige Darstellung	
Note 4	
Aufgabenstellung nur eingeschränkt erfüllt; einige Aspekte fehlen	
Kommunikationssituation (Adressatenbezug, Textsorte) an mehreren Stellen nicht beachtet	

noch teilweise strukturierte, stellenweise nicht folgerichtige bzw. unklare Darstellung	
ggf. nur ansatzweise überzeugende Vermittlung der eigenen Position bzw. begrenzte Sachkenntnisse im geforderten Themenbereich mit vielen Lücken bzw. Mängeln	
Note 5	
Aufgabenstellung nur eingeschränkt erfüllt und nur ansatzweise umgesetzt	
Kommunikationssituation (Adressatenbezug, Textsorte) kaum beachtet	
unzureichend strukturierte, häufig nicht folgerichtige und unklare Darstellung	
ggf. nicht überzeugende oder kaum erkennbare Darlegung	
der eigenen Meinung bzw. sehr geringe Sachkenntnisse im geforderten Themenbereich mit sehr vielen Lücken bzw. Mängeln	
Note 6	
Aufgabenstellung nicht erfüllt; Themaverfehlung	
Kommunikationssituation bzw. Adressatenbezug wie auch Erfordernisse der Textsorte nicht beachtet	
unverständliche Darstellung; fehlende Sachkenntnisse	

Sprache

Leistungsbeschreibung	Kommentar der Lehrkraft
Note 1	
nahezu fehlerfreier Text mit nur vereinzelten, leichten Verstößen gegen die Sprachrichtigkeit	
breites Repertoire an sprachlichen Mitteln (Grammatik, Wortschatz, Syntax, Idiomatik, textstrukturierende Mittel)	
abwechslungsreiche, im Ausdruck sehr treffende Gestaltung	
Note 2	
meist fehlerfreier Text mit leichten Verstößen gegen die Sprachrichtigkeit	

gefestigtes Repertoire an sprachlichen Mitteln (Grammatik, Wortschatz, Syntax, Idiomatik, textstrukturierende Mittel)	
meist abwechslungsreiche, im Ausdruck treffende Gestaltung	
Note 3	
mehrere, zumeist leichte Verstöße gegen die Sprachrichtigkeit; die Verständlichkeit ist geringfügig beeinträchtigt	
insgesamt angemessenes Repertoire an sprachlichen Mitteln (Grammatik, Wortschatz, Syntax, Idiomatik, textstrukturierende Mittel)	
insgesamt angemessene sprachliche Ausgestaltung	
Note 4	
häufige, stellenweise auch gravierende Verstöße gegen die Sprachrichtigkeit; die Verständlichkeit ist an mehreren Stellen beeinträchtigt	
eingeschränktes Repertoire an sprachlichen Mitteln (Grammatik, Wortschatz, Syntax, Idiomatik, textstrukturierende Mittel)	
eingeschränktes sprachliches Ausdrucksvermögen	
Note 5	
sehr viele, häufig auch gravierende Verstöße gegen die Sprachrichtigkeit; die Verständlichkeit ist insgesamt beeinträchtigt	
stark eingeschränktes Repertoire an sprachlichen Mitteln (Grammatik, Wortschatz, Syntax, Idiomatik, textstrukturierende Mittel)	
deutlich eingeschränktes sprachliches Ausdrucksvermögen	
Note 6	
äußerst gravierende Mängel in allen sprachlichen Bereichen; die Verständlichkeit ist nicht mehr gegeben	
unzureichendes Repertoire an sprachlichen Mitteln (Grammatik, Wortschatz, Syntax, Idiomatik, textstrukturierende Mittel)	
unverständlicher Text	

FORMULIERUNGEN

Name:
Class:

Content

x	Teacher comment
mark 1	
task completely fulfilled and all essential aspects covered convincingly and, if necessary, implemented imaginatively	
communication situation (reference to addressee, type of text)	
implemented convincingly	
clearly structured and coherent, consistent presentation	
if applicable, convincing communication of one's own position or well-founded knowledge of the required subject area	
mark 2	
task largely fulfilled and in most central aspects appropriately and, if necessary, implemented imaginatively	
communication situation (reference to addressees, type of text) largely implemented convincingly	
mostly clearly structured, consistent and convincing presentation	
if applicable, generally convincing communication of one's own position and/or solid knowledge of the required subject area without major gaps or deficiencies	
mark 3	
task generally fulfilled; individual aspects missing	
communication situation (reference to addressee, text type)	
generally implemented	
overall, appropriately structured and coherent, but presentation not always logical	
if necessary, still convincing communication of own position or limited, but still sufficient knowledge in the required subject area with several gaps or deficiencies	

mark 4	
task fulfilled only to a limited extent; some aspects are missing	
communication situation (reference to addressee, type of text) not observed in several places	
still partially structured, presentation in places inconsequential or unclear	
possibly only rudimentarily convincing communication of one's own position and/or limited expertise in the required subject area with many gaps or deficiencies	
mark 5	
task hardly fulfilled and only rudimentarily implemented	
communication situation (reference to addressee, type of text) hardly taken into account	
insufficiently structured, presentation often inconsequential and unclear	
possibly unconvincing or hardly recognizable presentation of one's own opinion or very little expertise in the required subject area with numerous gaps or deficiencies	
mark 6	
task not fulfilled; topic missed	
communication situation or reference to the addressee as well as the requirements of the text type not observed	
incomprehensible presentation; lack of expertise	

Language

x	Teacher comment
mark 1	
almost error-free text with only isolated, slight violations of the language correctness	
broad repertoire of linguistic means (grammar, vocabulary, syntax, idiom, text structuring means)	
varied, in expression very accurate composition	

mark 2	
mostly error-free text with slight violations of linguistic correctness	
solid repertoire of linguistic means (grammar, vocabulary, syntax, idiomatic expressions, text structuring means)	
mostly varied, expressive and appropriate composition	
mark 3	
several, mostly slight violations of linguistic correctness; however, comprehensibility is hardly affected	
adequate repertoire of linguistic means (grammar, vocabulary, syntax, idioms, text structuring devices)	
overall appealing linguistic design	
mark 4	
many, even serious, violations of linguistic correctness; comprehensibility is in some places clearly impaired.	
clearly limited repertoire of linguistic means (grammar, vocabulary, syntax, idioms, text structuring devices)	
limited linguistic formulation	
mark 5	
very many, often serious violations of linguistic correctness; comprehensibility is impaired overall	
severely limited repertoire of linguistic means (grammar, vocabulary, syntax, idioms, text structuring devices)	
clearly limited linguistic expressiveness	
mark 6	
extremely serious deficiencies in all linguistic areas; comprehensibility is no longer given	
insufficient repertoire of linguistic means (grammar, vocabulary, syntax, idiomatic expressions, text structuring devices)	
incomprehensible text	

11 Ausblick: Angemessene Leistungsbewertung – mit Noten!

Seit Mitte des neuen Milleniums tritt Felix Winter in Monographien, Zeitschriftenartikeln und auf seiner Website immer wieder für die Abschaffung von Noten ein. Seine Forderung lautet: Eine neue Lernkultur braucht einen anderen Umgang mit den Schülerleistungen (Winter 2011). Dazu hat er die folgende Synopse vorgelegt, die zuletzt in der Zeitschrift *Pädagogik* erschienen ist (Winter 2017, S. 14 ff.).

Verfahren	Vorzüge/Möglichkeiten	Nachteile/Schwierigkeiten
Verfahren zur gesonderten Überprüfung und Beurteilung von Leistungen		
Klassenarbeit	zeitnahe Lernkontrolle; Nachdruck für die Lernforderung	beschränkte Aufgabenformate, notwendig eher wissensakzentuiert, z. T. fehlerzentriert
Lernkontrollen (Probearbeiten)	diagnostische Lernkontrolle; Verbesserungsmotivation bei SuS	eher wissensakzentuiert
Schulleistungstests (Lernstandserhebung)	vergleichbare Leistungsinformation; Bildungsmonitoring	nur ausschnittartig möglich, unterrichtsfern, nicht geeignet für individuelle Leistungsbeurteilung, Auswertung in den Schulen schwierig
Verfahren zur integrierten Überprüfung und Beurteilung von Leistungen		
Fragen und Gespräche im Unterricht	flexibler Einsatz; Möglichkeit tiefer zu prüfen und unmittelbar zum Lernen überzugehen	Fragen werden oft nur an Einzelne gerichtet und verleiten zu unbedachtem Einsatz; Gespräche über Qualitäten muss man üben
(Lern-) Aufgaben mit diagnostischem Potenzial	Vorwissen, Vorstellungen und Konzepte werden sichtbar; Bezug zu Kompetenzen	Auswahl von geeigneten Aufgaben, Anforderungsanalyse der Aufgaben
Lernjournal	Vorwissen, Vorstellungen und Konzepte werden expliziert; selbstständiges Denken und Erklären	Zeitaufwand; diese Kultur muss längerfristig aufgebaut werden

Portfolio (hier v. a. als Projektportfolio)	größere, selbstständige, persönlich bedeutsame Arbeiten sind möglich; authentische Aufgaben; komplexe Kompetenzen	erfordert Umstellungen im Unterricht; Leistungserbringung weniger von der Lehrperson kontrolliert
sozial gerahmte, gemeinsame Leistungsbeurteilung und Entwicklungsberatung		
Reflexion, Selbst- und dialogische Beurteilung	Übertragung von Beurteilungswissen, prozeduralem und metakognitivem Wissen auf die Lernenden	muss eingeübt werden; Reflexionen müssen genutzt werden; Zeitaufwand
Präsentation	Prüfung und Förderung überfachlicher Kompetenzen; vermittelt Sinn und Anerkennung; demokratisierte Leistungsbeurteilung	Zeitaufwand für Präsentationen; Umstellung des Unterrichts; Sicherung einer gemeinsamen Wissensbasis; Organisation guter Rückmeldung
Lern-Entwicklungs-Gespräche	mehrperspektivische Beurteilung; Zusammenarbeit Elternhaus und Schule	Aufwand für die Vorbereitung, Organisation und Durchführung
Instrumente oder Hilfen zur Beurteilung und Bewertung von vorliegenden Leistungen		
Verbalbeurteilung und Textzeugnisse	vielseitig und flexibel einsetzbar; inhaltliche Aussagen und persönliche Ansprache möglich	V. wird oft missverstanden; zeitaufwändig; muss gut gelernt sein; bei Textzeugnissen: zu weit weg vom Lernvorgang
Zertifikate	inhaltlich beschriebener Kompetenznachweis; Erwerb möglich, wann man will	Aufwand für Ausarbeitung und bei der Überprüfung – Zusammenarbeit mit externen Organisationen günstig
Beurteilungsraster	mehrdimensionale Beurteilung; differenzierte Rückmeldung; Transparenz von Kriterien; enger Unterrichtsbezug möglich	Konstruktion guter Raster ist aufwändig; vorgefertigte Raster sind oft schlecht oder unangemessen; Raster verleiten zu falscher Summenbildung
Kompetenzraster	Bezug zu Bildungsstandards	Basis für die Einschätzung meist nicht gegeben; problematische Selbsteinschätzung; Normierungsdruck für die Bildung
Noten	leicht zu machen schwer zu bestreiten	transportieren keine inhaltliche Information; starke Referenzgruppeneffekte

Tab 11: Synopse: Verfahren zur Erbringung, Überprüfung, Beurteilung und Diagnose von Leistungen in der Schule

Insgesamt benennt die Synopse die überwiegende Mehrzahl von Verfahren und Instrumenten, die im schulischen Kontext zur Überprüfung von Schülerleistungen eingesetzt werden. Prüft man die Vorzüge und Möglichkeiten sowie die Nachteile und Schwierigkeiten, die der Autor mit einzelnen Verfahren verbindet, regt sich Widerspruch.

- Sind Klassenarbeiten und Lernkontrollen (Probearbeiten) tatsächlich „eher wissensakzentuiert"? Hier scheint Winter an die unteren Klassenstufen der Sekundarstufe I zu denken. Aber auch hier kommen, zumindest im Fremdsprachenunterricht bereits affektive und soziale Gesichtspunkte ins Spiel.
- Portfolio-Arbeit erfordert Umstellungen im Unterricht: Ist das nicht bei jeder Veränderung so, die auf größere Selbstständigkeit der Lernenden abzielt? Dass die erfolgreiche Nutzung solcher Verfahren von der sachkundigen Einführung durch die Lehrperson und dem wiederholten Üben im Unterricht abhängig ist, ist eine Binsenweisheit.
- Die Erstellung von Kriterien- und Kompetenzrastern ist zeitaufwendig? Wohl wahr, aber wenn man davor (einschließlich der erforderlichen Weiterbildung der Lehrkräfte) zurückschreckt, sollte man nicht für die Abschaffung von Noten eintreten.

Geht man die Argumente für und gegen bestimmte Verfahren und Instrumente in der Synopse aufmerksam durch, stellt man eine Reihe von Ungereimtheiten fest. Zumindest bleibt offen, wie Winter der Abschaffung von Bewertung und Benotung näherkommen will. Warum können, wie in diesem Buch, insbesondere in Teil III, dargelegt, Noten nicht durch formatives Feedback vor- und/oder nachbereitet bzw. ergänzt werden?

Literatur

Andrade, Heidi 2000: Using rubrics to promote thinking and learning. In: Educational Leadership. Bd. 57, H. 5. S. 13–18

Assessment Reform Group (ARG) 1999: Assessment for learning: Beyond the black box. In: https://www.nuffieldfoundation.org/sites/default/files/files/beyond_blackbox.pdf; letzter Zugriff Sept. 2022

Bastian, Johannes 2013: Pädagogik kontrovers. Schülerfeedback verbindlich für alle? In: Pädagogik. H. 6. S. 48–49

Beywl, Wolfgang/Klaus Zierer 2014: Lernen sichtbar machen für Lehrpersonen. Baltmannsweiler

Biggs, John B./Kevin E. Collins 1982: Evaluating the quality of learning: The SOLO taxonomy (structure of the observes outcome). New York

Black, Paul/Dylan Wiliam 1998: Assessment and Classroom learning. In: Assessment in Education: Principles, Policy, Practice. Bd. 5, H. 1. S. 7–74

Black, Paul/Dylan Wiliam 2009: Developing the theory of formative assessment. In: Educational Assessment, Evaluation and Accountability Bd. 21, H. 1. S. 5–31

Bloom, Benjamin S./J. Thomas Hastings/George F. Madaus 1971: Handbook on formative and summative evaluation of student learning. New York

Brohm, Michaela 2012: Motivation lernen. Weinheim u. a.

Brookhart, Susan M. 2010: Wie sag ich's meinem Schüler? So kommt Ihr Feedback wirklich an. Weinheim u. a.

Burwitz-Melzer, Eva 2016: Sprachenportfolios. In: Eva Burwitz-Melzer u. a. (Hg.): Handbuch Fremdsprachenunterricht. Tübingen. S. 416–419

De Florio-Hansen, Inez 2022: Lehr- und Lernmethoden im Fremdsprachenunterricht. Stuttgart

De Florio-Hansen, Inez 2020: Digitalisierung, Künstliche Intelligenz und Robotik. Münster u. a.

De Florio-Hansen, Inez 2019a: Fachdidaktik Französisch. Lehren und Lernen im digitalen Zeitalter. Stuttgart

De Florio-Hansen, Inez 2019b: Wirksame Motivierungsstrategien für den Französischunterricht. Stuttgart

De Florio-Hansen, Inez 2018: Teaching and learning English in the digital age. Münster u. a.

De Florio-Hansen, Inez 2016: Unterrichtseinheiten Englisch für die Praxis. Tübingen

De Florio-Hansen, Inez 2014: Lernwirksamer Unterricht. Eine praxisorientierte Anleitung. Darmstadt

Diao, Yali/Paul Chandler/John Sweller 2007: The effect of written text on comprehension of spoken English as a foreign language. In: American Journal of Psychology. Bd. 120, H. 2. S. 237–261

Dweck, Carol S. 2012: Mindset. The new psychology of success (2006). New York

Ellis, Rod 2009: Corrective feedback and teacher development. In: L_2 Journal, H. 1. S. 3–18

Finn, Chester E. 2020: Why grades matter. In: https://fordhaminstitute.org/national/commentary/why-grades-matter; letzter Zugriff Sept. 2022

Hattie, John 2009: Visible learning. A synthesis of over 800 metanalyses relating to achievement. London u. a.

Hattie, John 2012: Visible learning for teachers. Maximizing impact on learning. London u. a.

Hattie, John/Helen Timperley 2007: The power of feedback. In: Review of Educational Research. Bd. 77, H. 1. S. 81–112

Hattie, John/Shirley Clarke 2018: Visible learning feedback. London u. a.

Hattie John/Klaus Zierer 2020: Visible learning auf den Punkt gebracht. Baltmannsweiler

Helmke, Andreas 2012: Unterrichtsqualität und Lehrerprofessionalität: Diagnose, Evaluation und Verbesserung des Unterrichts. Seelze

Helmke, Andreas/Tuyet Helmke/Manuel Ade-Thurow 2017. Lehren und Lernen in der Klasse sichtbar machen. Erfahrungen und Gelingensbedingungen beim Einsatz von Unterrichtsdiagnostik mit EMU. In: Pädagogik. H. 5. S. 24–27
Helmke, Andreas/Friedrich-Wilhelm Schrader/Tuyet Helmke 2012: Evidenzbasierte Methoden der Unterrichtsdiagnostik und -entwicklung. Ein Weg, um Unterrichten sichtbar zu machen. (Schulverwaltung: Zeitschrift für Schulleitung und Schulaufsicht, SchVw BW. Bd. 21, H. 7–8.) S. 167–170
Jamrus, Mohd Hafizuddin/Abu Bakar Razali 2019: Using self-assessment as a tool for English language learning. In: English Language Teaching Bd. 12, H. 11. S. 64–73
Kibble, Jonathan D. 2017: Best practices in summative assessment. In: Advances in Physiology Education 41, S. 110–119
Kleppin, Karin 2005: Die Förderung der Fähigkeit zur Selbstevaluation beim Fremdsprachenlernen. In: Eva Burwitz-Melzer/Gert Solmecke (Hg.): Niemals zu früh und selten zu spät: Fremdsprachenunterricht in Schule und Erwachsenenbildung. Berlin. S. 107–118
Kluger, Avraham N./Angelo DeNisi 1996: The effects of feedback interventions on performance: A historical review, a meta-analysis, and a preliminary feedback intervention theory. In: Psychological Bulletin Bd. 119, H. 2. S. 254–284
Köller, Olaf 2005: Formative assessment in classrooms: A review of empirical German literature. In: John Looney (Hg.): Improving learning in secondary classrooms. Paris. S. 265–279
Lemov, Dough 2020: Teaching in the Online Classroom: Surviving and Thriving in the New Normal. San Francisco
Li, Shaofeng/Yan Zhu/Rod Ellis 2016: The effects of the timing of corrective feedback on the acquisition of a new linguistic structure. In: Modern Language Journal. H. 100. S. 276–295
Lyster, Roy/Leila Ranta 1997: Corrective feedback and learner uptake: Negotiation of form in communicative classrooms. In: Studies in Second Language Acquisition. H. 20. S. 37–66
Nottingham, James/Jill Nottingham 2017: Challenging learning through feedback. Thousand Oaks, CA
Nuthall, Graham A. 2007: The hidden Lives of Learners. Wellington
Póltorak, Eva 2011: Question du feedback en didactique des langues étrangères: quelques réflexions théoriques. In : Glottodidactica. H. 38. S. 31–42
Rosenberg MyKay, Dawn 2019: Self Assessment. An Overview. In: https://www.thebalancecareers.com/self-assessment-524753; letzter Zugriff Sept. 2022
Roth, Gerhard 2021: Bildung braucht Persönlichkeit: Wie Lernen gelingt. Stuttgart
Scriven, Michael 1991: The methodology of evaluation. In: Ralph W. Tyler/Robert M. Gagné/ Michael Scriven (Hg.): Perspectives of curriculum evaluation (1967). AERA Monograph Series on Curriculum Education. H. 1. Chicago. S. 39–83
Vogt, Karin/Jürgen Quetz 2018: Assessment im Englischunterricht. Innsbruck u. a.
Vygotsky, Lew S. 1978: Mind in society. The development of higher psychological processes. Cambridge, MA
Wallace, Isabella/Leah Kirkman 2017: Best of the best: Progress. Carmarthen, UK
Weinert, Franz Emanuel (Hg.) 2001: Leistungsmessungen in Schulen. Weinheim u. a.
Weinert, Franz Emanuel 1999: Konzepte der Kompetenz. Paris
Wiliam, Dylan/Siobhán Leahy 2015: Embedding formative assessment: Practical techniques for K-12 classrooms. West Palm Beach, FL
Wilkening, Monika 2016: Praxisbuch Feedback im Unterricht. Weinheim u. a.
Winter, Felix 2017: Neue Formen der Leistungsbeurteilung. In: Pädagogik. H. 9. S. 14–18
Wisniewski, Benedikt/Zierer, Klaus 2018: Visible Feedback: Ein Leitfaden für erfolgreiches Unterrichtsfeedback. Baltmannsweiler

Unter **www.friedrich-verlag.de** finden Sie Materialien zum Buch als Download.
Bitte geben Sie den achtstelligen Download-Code in das Suchfeld ein.

DOWNLOAD-CODE: **d31584fg**

Hinweis:

Das Download-Material enthält eine Linkliste zu themenspezifischen Homepages sowie Bewertungsraster Deutsch, Englisch und Französisch, die Sie bei der Vorbereitung Ihres Unterrichts unterstützen und vertiefende Hintergrundinformationen liefern.

Unsere Autorinnen und Autoren sowie der Verlag wünschen Ihnen viel Erfolg bei der Nutzung der Materialien!

Haben Sie Fragen zum Download? Dann wenden Sie sich bitte an den Leserservice der Friedrich Verlags GmbH. Schreiben Sie uns oder rufen Sie uns an!

Sie erreichen unseren Leserservice
Montag bis Donnerstag von 8–18 Uhr
Freitag von 8–14 Uhr
Tel.: 0511/40004-150
Fax: 0511/40004-170

E-Mail: leserservice@friedrich-verlag.de

Wir freuen uns über Ihre Rückmeldung und helfen Ihnen gerne weiter!